I0016192

はじめてのピクセルメーター
Pixelmator
Made Easy

Macユーザーための本格的 画像加工ソフトPixelmatorをやさしく解説

まえがき

昔から親しまれていた某ペイント系ソフトがクラウド型販売に切り替わり、パッケージ販売されなくなりました。このクラウド型販売になじめない筆者は、その代替ソフトウェアとして 必要十分な機能をもった Pixelmatorを選びました。Pixelmatorは機能、使い安さ 、低価格と三拍子そろった優秀なソフトウエアです。しかし、このソフトウエアの解説本がない。ダウンロードしても、使えるかどうか心配、そんな悩みを持った方のために、日本語でやさしく解説した本を出そうと決めました。本書の大半はチュートリアル形式です。第2章を読み終わったところで、ざくっと全体を把握できるように心がけました。多分、これだけでペイント系ソフトの経験者はPixelmatorをすぐ使えるようになるでしょう。後半は、より詳しい内容を網羅していますので、この 一冊で入門者からプロの方まで満足できると思います。

なお、本書で使用した写真はCreative Commons等のサイトを通じて作者の方々から利用許諾されたものです。著作権者は下記に明記されています。本書からの2次利用は禁止されています。

GAME-INDEX.net Co., Ltd. 代取締役　桑原　明

Contents 目次

まえがき	2
1_1:Pixelmatorをインストールしましょう	7
1_2:Pixelmatorについて	8
1_3:まず、つくりましょう(チュートリアル)	9
1_4:ファイルを開く	10
1_5:各種ツールの名称	11
2_1:白動選択ツール	13
2_2:選択範囲の反転	15
2_3:消去	15
2_4:すべての選択を解除	16
2_5:バケツツール	16
2_5:保存して終了	18
2_6:移動ツール	19
3_1:レイヤーを作成する	23
3_2:長方形選択ツール/楕円形選択ツール	23
3_3:ぼかしツール	35
3_4:拡大・縮小ツール	35
3_5:スタンプツール	36
3_6:指先ツール	37
3_7:多角形選択ツール	38
3_8:切り抜きツール	39
3_9:クイックマスクモードで編集	41
3_10:スポンジツール	43
3_11:焼き込みツール/覆い焼きツール	45
3_12:消しゴムツール	46
3_13:スポイトツール	47
3_14:ブラシツール	48
3_15:選択範囲描画ツール	53
3_16:マジック消しゴム	54
3_17:グラデーションツール	55
3_18:エフェクトブラウザ(歪み)	56

Contents 目次

3_19:シャープツール   58

3_20:シェイプツール/シェイプの設定   59

3_21:テキストツール   62

3_22:ペンツール/シェイプの設定   64

3_23:フリーフォームペンツール   67

3_24:スライスツール   67

3_25:赤目ツール   69

3_26:ワープツール   70

3_27:バンプツール   71

3_28:ピンチツール   72

3_29:回転ツール   73

3_30:なげなわツール/一行ツール/一列ツール   73

3_31:修復ツール   74

4_1:選択範囲について   79

4_2:クリッピングマスクを使う   84

4_3:環境設定   87

4_4:グリッド/ガイドライン/グラデーションウィンドウ   90

4_5:グラデーションウィンドウ   91

4_6:レイヤーのブレンドについて   94

4_7:光の3原色について   99

4_8:画像の色調を調整する   100

   自動補正   101

   輝度   102

   レベル補正   103

   カーブ   104

   露光量   109

   明暗   110

   色相(RGB全体)   111

   色相(赤を調整)   112

   色相(オレンジを調整)   113

Contents 目次

色相(グリーンを調整) 114

色相(ブルーを調整) 115

色相と彩度(彩度/明度) 116

カラーの適用 117

色の置き換え 118

バランス 119

チャンネル 120

反転/彩度を下げる 129

白黒 130

4_9:フィルター各種/ぼかし 131

4_10:フィルター各種/歪み 133

4_11:フィルター各種/シャープ 137

4_12:フィルター各種/スタイル 138

4_13:フィルター各種/その他 143

4_14:ファイル情報 144

4_15:プロファイルでソフトプルーフ 145

4_16:カラープロファイル 146

4_17:書き出し 147

Appendix 148

Chapter 1

この章では
pixelmaterのインストールから
ソフトの基本的な構成を説明します。

1_1:Pixelmatorをインストールしましょう

1_2:Pixelmatorについて

1_3:まず、つくりましょう

1_4:ファイルを開く

1_5:各種ツールの名称

1_0:本書について

　本書はチュートリアル形式ですので、実際にPixelmatorを使い、画像加工をしながら、無理なく覚えることができるように工夫しています。本文は黒い文字色とブルーの文字色が混在しています。チャプター3までのブルーの本文は飛ばして進めても理解できるようになってます。ツールの詳しい機能などを、あとから、索引的に探すときは目次からでも容易に探せるようになってます。

1_1:Pixelmatorをインストールしましょう

　まず、Mac OS X 10.9.5 以降、64ビットプロセッサーであることを確認してください。下記にアクセスします。
http://www.pixelmator.com/mac/
Pixelmator.comの画面が表示されますので、
"Buy Now"をクリック、Mac App Storeに移動してダウンロード購入してください。
上記サイトへは右のQRコードからでも飛べます。

1_2:Pixelmatorについて

　Pixelmator(ピクセルメーター)は、Mac OS X向けに英国
Pixelmator Team Ltd.が開発を行っている高機能画像処理ソフ
トです。最先端のMacテクノロジーを十分に活用して、画像補正・
画像処理に特化したスタンプツール、スポンジツール、指先ツール、
修復ツールなどの秀逸なレタッチツール類、色調補正のための、カ
ラーバランス、チャネルミキサーなどの高度な機能、描画のための
ペイント系ブラシ類に加えベクターデータ系の強力なシェイプツー
ル、レイヤーによる画像管理、フィルターなどの特殊効果、そして驚
くほどシンプルかつ高速な操作性、様々なファイル形式での書き出
しなど、必要十分な機能を持っています。

1_3:まず、作りましょう(チュートリアル)

　最初に、練習用の写真を用意してください。もし、適当な素材がなければ、クリエイティブ・コモンズ(http://creativecommons.org)にリンクされているフリー写真をダウンロードすることを筆者はお薦めします。もちろん、ご自分の写真を素材にしても問題ありません。ただし、これから説明するサンプル写真のように、写真の対象物とその背景がシンプルな構成になってるものにしてください。

　それでは、クリエイティブ・コモンズのサイトを通してサンプルと同じ写真をダウンロードしましょう。
http://goo.gl/E513vT
インターネット・ブラウザを立ち上げて、上記をURL欄に正確に入力してください。(注)
なお、巻末には本書で使用する写真素材等のダウンロード先をまとめて記載(QRコードを含む)してあります。
さあ、写真の用意はできましたか。Pixelmatorのアイコンをクリックして立ち上げましょう。ドキュメントのサイズ、解像度を入力する画面が表示されます。作成したい幅、高さ、解像度を入力します。プリセットはよく使われるサイズを入力しますと、次回からそのサイズ

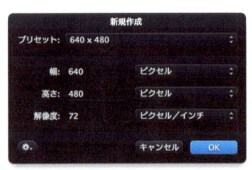

になります。今回は、このままでOKボタンをクリック、メニューバー、ツールパレット、ドキュメントウインドウなど設定環境によって表示される内容は変わりますが、次節のような画面が表示されます。

注:上記アドレスはGoogle url shortenerを使用しています。赤字部分を入力するだけでも大丈夫です。なお、リンク切れ等の場合はクリエイティブ・コモンズ(http://creativecommons.org)でflower等と検索してください。

1_4:ファイルを開く

　メニューバーの"ファイル"▶"開く"▶作業したい画像（用意した画像ファイル）を選択、下のような画面構成になりましたか。ドキュメントウインドウとツールパレットが表示されていれば問題ありません。

©Noel Pennington

それでは、メニューやツールの名称が覚えておきましょう。
Pixelmatorはメニューバー（ファイル、編集、イメージ、レイヤー、表示、ウィンドウ、共有、ヘルプ）と、作業エリアのドキュメントウィンドウに、

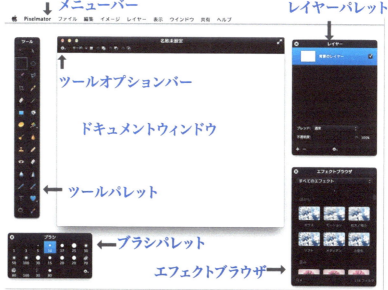

メニューバー

レイヤーパレット

ツールオプションバー

ドキュメントウィンドウ

ツールパレット

ブラシパレット

エフェクトブラウザ

移動やブラシなどが入ってるツールパレット、そのツールを設定する
ツールオプションバー、ドキュメントウィンドウを管理するレイ
ヤーパレット、その他各種パレット類で構成されています。
それぞれの使い方はチュートリアルの進行に合わせて説明します。

ツール

自動選択ツール	移動ツール
長方形選択ツール	楕円形選択ツール
選択範囲描画ツール	多角形選択ツール
切り抜きツール	スライスツール
消しゴムツール	ブラシツール
グラデーションツール	バケツツール
スポンジツール	ワープツール
覆い焼きツール	焼き込みツール
スタンプツール	修復ツール
赤目ツール	マジック消しゴムツール
ぼかしツール	シャープツール
ペンツール	フリーフォームペンツール
テキストツール	多角形ツール
拡大/縮小ツール	スポイトツール

Chapter 2

この章では実際にツールを使って
Pixelmatorで画像の加工 ,保存、ファイルを開くなどの
工程をやってみましょう。

2_1:自動選択ツール

2_2:選択範囲の反転

2_3:消去

2_4:すべての選択を解除

2_5:バケツツール

2_6:保存して終了

2_7:移動ツール

2_1:自動選択ツール

　まず、左側のツールパレットから"自動選択ツール"をクリックしますと、アイコンが拡大されます。この状態がアクティブなツールを表しています。次に"ツールオプションバー"の"歯車アイコン"をクリックしますと、ポップアップメニューが出現、今回はデフォルトのままでもよいでしょう。

2つの選択範囲から交差した箇所を作成

既存の選択範囲から削除

既存の選択範囲に新たな範囲を追加

新規の選択範囲を作成

選択範囲をドラッグ

　選択範囲を作成する前に歯車アイコンの横のモードを選んでください。"新規の選択範囲を作成"、"既存の選択範囲に新たな選択範囲を追加"、"既存の選択範囲から削除"、"2つの選択範囲から交差する箇所を作成"と4つモードがあります。Pixelmatorはツールごとにツールオプションバーの内容が変化します。今回は

"新規の選択範囲を作成"アイコンをクリック、そして、画像の背景部分をドラッグしてください。クリックした箇所の近似色をリアルタイムに確認しながら選択できます。

　現在選択されてるレイヤーが選択範囲の対象となりますが、"ツールオプションバー"の"歯車アイコン"▶"をクリックしますとドロップダウンメニューが出現します。

選択解除:選択範囲を解除できます。

選択範囲を反転:クリックしますと選択範囲が反転します。

変形:クリックしますと8隅にコーナーポイントが出現してドラッグで拡大/縮小や回転(コーナーポイントの外側にマウスを置くと回転アイコンに変化します。ドラッグで回転)ができます。

クイックマスクモードで編集:後述

選択範囲をカスタマイズ:後述

切り抜く:後述(切り抜きツールと同機能)

選択範囲をシェイプに変換:選択範囲がベクターデータに変換されます。曲線で囲まれた部分もベクターデータになります。

滑らかなエッジ:チェックを入れると滑らかな選択範囲になります。通常はチェックを入れた方がよいでしょう。

すべてのレイヤーをサンプリング:異なるレイヤーの色も選択の対象になります。

2_2:選択範囲の反転

　どうですか?選択できましたか。次に選択範囲を反転しましょ
う。選択範囲と逆の箇所を選択できます。前述の"ツールオプショ
ンバー"▶"歯車アイコン"▶"ドロップダウンメニュー"からもできま
すが、今回は"メニューバー"▶"編集"▶"選択範囲を反転"で範
囲を反転してください。花弁が選択されましたね。これは今後よく
使う操作ですので覚えてください。さて、確認したら、今回は背景を
削除したいので、もう一度、"選択範囲の反転"を選択して、deletボ
タンを押してください。背景がきれいに削除されましたね。

2_3:消去

　前節ではdeleteで消去しましたが、選択状態で"メニューバー
"▶"編集"▶"消去"を選んでも同じように消去されます。それでは
次のステップに進むために、背景を消去する前の状態に戻してく
ださい。コマンド+Zで戻ります。何か作業して失敗したときもコマ
ンド+Zで戻りますので、覚えておきましょう。

2_4:すべての選択を解除

　さて、画面は下のように選択状態になってますね。次のステップに進む前に選択状態を解除しときましょう。"メニューバー"▶"編

集"▶"すべての選択を解除"をクリックしてください。またはコマンド＋Dでも解除できます。このショートカットのコマンド＋Dもよく使います。

2_5:バケツツール

画面が初期状態に戻りましたか。次に"ツールパレット"▶"バケツ塗りつぶしツール"を選択、塗りつぶしたい箇所(背景部分)をクリック、そのままドラッグしますとリアルタイムに塗りつぶしたい範囲を調整しないがら作業をを進めることができます。

どうですか。背景全体を塗つぶせましたか。

　バケツツールは下の色とのブレンド効果や不透明度などの設定ができます。ちょっとトライしてみましょう。コマンド＋Zで初期画面に戻して、バケツツールを選択、"ツールオプションバー"▶"カラーボタン"：紫▶"ブレンド"：ビビットカラー▶"不透明度"：80％にして、先ほどと同じように塗りつぶします。

　確認したら、次のステップのためにコマンド＋Zで初期画面に戻しましょう。

2_6:保存して終了

ファイル	編集	イメージ

新規作成...　　　⌘N
開く...　　　⌘O
最近使用した書類　▶

閉じる　　　⌘W
保存...　　　⌘S
複製　　　⇧⌘S
名称変更...
移動...
バージョンを戻す　▶
書き出す...

ファイル情報...　⌥⇧⌘I

読み込む...

ページ設定...　⇧⌘P
プリント...　　⌘P

　さて、ここまできたところで保存して終了してみましょう。"メニューバー"▶"ファイル"▶"保存"下記の画面のように名前の拡張子が.pxmにして保存ボタンをクリックしますと、あとから再編集が可能です。"コピー"を保存をチェックしますとPixelmator、Photoshop、JPEG、PDF、PNG、TIFFなどのファイル形式で保存できます。では、いったん終了してみましょう。終了は"メニューバー"▶Pixelmator"▶"Pixelmatorを終了"で保存ボタン押して終了させましょう。

2_7移動ツール

　Pixelmatorがすこし見えて
きましたね。かなりフレンドリー
なソフトウエアだと思いません
か。それでは新たに画像ファイ

ドラッグ

Sample.jpg

ルを開きましょう。1_3節でダウンロードしたJPEG画像（自前の画
像ファイルでもかまいません）のアイコンをPixelmatorのアイコン
にドラッグしてください。開きましたか。

　開きましたら、移動ツールを選んでください。画面全体が移動す
る状態になります。なお、選択ツールで画像の一部を選択状態にし
ていますと、選択範囲の移動になります。移動ツールは基本的な
ツールですので、詳しく説明しましょう。

　それでは、移動ツールの"ツールオプションバー"を見てください。"歯車アイコン"をクリックしますドロップダウンメニューが出現します。

自動でレイヤー選択：複数のレイヤーがある場合、チェックをいれると選択した箇所のレイヤーを自動的選んで移動できます。チェックを外すとアクティブなレイヤー（レイヤーパレットで青色になってるレイヤー）のみの移動になります。

変形：チェックをいれると8隅にポイントが表示されます。マウスでつかんで拡大/縮小、回転などを行うことができます。ツールオプションバーに幅、高さ、縦横比を維持、角度などを設定するボタンが表示されます。

180°回転/右回りに90°回転/左回りに90°回転：選択されたレイヤーが回転します。

水平方向に反転垂直方向に反転：選択されたレイヤーが反転します。

ガイドを表示：ガイド設定パネル表示されます。

　次は、変形の縮小や歪曲などコーナポイントをドラッグして試しましょう。

　一通りトライしたら"ツールオプショバー"
▶"歯車アイコン"▶ドロップダウンメニューの"リセット"をクリックしましょう。

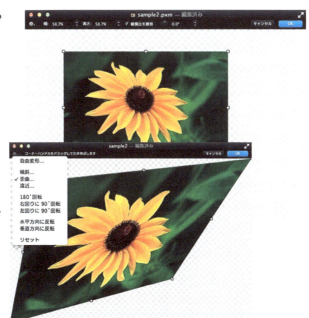

　変形作業中に"ツールオプションバー"▶"歯車アイコン"をク
リックしますとドロップダウンメニューが出現します。（注）
自由変形：マウスをコーナーに移動しますと、自由な角度に回転が
できます。"縦横比を保持"のチェックを外すと高さ、幅を個別に変
更できます。
傾斜：ポイントをつかんで傾斜のついた形に変形できます。
歪曲：ポイントをつかんで、歪曲した形に変形できます。
遠近：ポイントをつかんで、パースペクティブな形に変形できます。
180度回転/右回りに90度回転/左回りに90度回転：各角度で
回転します。
水平方向に反転/垂直方向に反転：各左右上下が逆（反転）にな
ります。
リセット：変形をリセットできます。

　いろいろ試したら、次のステップのためにリセットしてください。

注：移動ツールの"ツールオプションバー"▶"歯車アイコン"▶"ドロップダウンメ
ニュー"は変形作業前と変形作業中とでは、別々のメニュー項目表示となります。

Chapter 3

3_1:レイヤーを作成する

3_2:長方形選択ツール/楕円形選択ツール

3_3:ぼかしツール

3_4:拡大・縮小ツール

3_5:スタンプツール

3_6:指先ツール

3_7:多角形選択ツール

3_8:切り抜きツール

3_9:クイックマスクモードで編集

3_10:スポンジツール

3_11:焼き込みツール/覆い焼きツール

3_12:消しゴムツール

3_13:スポイトツール

3_14:ブラシツール

3_15:選択範囲描画ツール

3_16:マジック消しゴム

3_17:グラデーションツール

3_18:エフェクトブラウザ(歪み)

3_19:シャープツール

3_20:シェイプツール/シェイプの設定

3_21:テキストツール

3_22:ペンツール/シェイプの設定

3_23:フリーフォームペンツール

3_24:スライスツール

3_25:赤目ツール

3_26:ワープツール

3_27:バンプツール

3_28:ピンチツール

3_29:回転ツール

3_30:なげなわツール/一行ツール/一列ツール

3_31:修復ツール

3_1:レイヤーを作成する

　ペイント系ソフトの多くはレイヤーによって画像を管理しています。編集した画像はいくつかのレイヤー(階層)にわかれて置かれます。それぞれのレイヤーは独立した状態で編集することができます。それでは具体的にやってみましょう。

　一旦終了して、新しく1_3節でダウンロードしたJPEG画像を開きましょう。レイヤーパレットはディスプレイに表示されていますか。もし表示されてなければ、"メニューバー"▶"表示"▶"レイヤーを表示"をクリックしてください。そして、試しにレイヤーウインドウの右下のプラスアイコンをクリックしてみます。新規レイヤーが追加されましたね。

　確認したら、今回はマイナスアイコンで削除しましょう。

つぎにレイヤーパレットの"歯車アイコン"をクリック▶"レイヤーを複製"を選択、▶右の写真と同じ状態を確認したら、自動選択ツールを選んでください。自動選択ツールを画像の背景をドラッグして択状態にします。

つぎに背景を削除(delete)します。見た目は変わりませんが、レイヤーパレットの"背景のレイヤーのコピー"のアイコンの背景が透明になっているのを確認してください。

　自動選択ツールで画面をクリックして選択を解除、移動ツールに持ち替えて、"背景のレイヤーのコピー"がアクティブになっていることを確認して、画像の8隅のコーナーポイントをドラッグして縮小してください。

　上の画像と同じ位置になりましたら、右上のOKボタンをクリックします。

　次に、"メニューバー"▶"編集"▶"コピー"、そして"メニューバー"▶"編集"▶"ペースト"をします。移動ツールでペーストした小さい画像を右上に移動、同じくコマンド＋V（ショートカットキー）で右下へ、同じくコマンド＋Vで左上へ、4カ所にコピーできたら、レイヤーを確認してください。レイヤーが5階層になってるのがわかりますか。

　このように編集した画像はレイヤーごとに管理されています。あとからの修正もレイヤーごとに作業できます。そして、複数のレイヤーを結合して一つの画像にすることもできます。どのレイヤーがアクティブか常に確認しながら作業することをお勧めします。

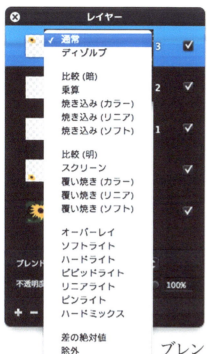

レイヤーは下にあるレイヤーとブレンド設定ができます。ブレンドボタンをクリックしますとポップアップメニューが出現します。いくつやってみましょう。

ブレンド効果の一例
右上をアクティブにして:"スクリーン"に
右下をアクティブにして:"覆い焼き"に
左上をアクティブにして:"ビビットライト"に
左下をアクティブにして:"通常を選択"▶"
不明度":
50以上

　さて、それぞれのブレンド効果を確認したところで、小さな花びら4個を同時に移動してみましょう。そのためには**レイヤーのリンク**を使います。小さな花びらのレイヤー（コピーして配置したレイヤー）の全てをコマンドを押しながら選択してください。そして、"レイヤーパレット"の下に配置されている"歯車アイコン"▶ドロップダウンメニューの**"レイヤーのリンク"**クリックします。各レイヤーに鎖マークが付加されましたね。これで、どれかの小さな花びらを移動すると4個すべてが動きます。

　各レイヤーのブレンド効果などは個々に変更できます。確認したら、**リンク解除**をやってみましょう。前記と同じようにコマンドを押しながらリンクしているレイヤをアクティブにします。
　そして、"メニューバー"▶"レイヤー"▶**"レイヤーのリンク解除"**を選択します。

　レイヤーが多くなると、管理が難しくなります。そのためにレイヤーのグループ化をしてみましょう。グループ化したいレイヤーを前ページ同様コマンドを押しながら選択します。

　"レイヤーパレット"の下に配置されている"歯車アイコン"▶ドロップダウンメニューの**"レイヤーをグループ化"**クリックします。レイヤーが一つにまとめられました。

　リンクと、どう違うのだと思いますね。リンクはそれぞれひも付けされるだけですが、グループ化は一つの階層(レイヤー)となります。試しに、グループになったレイヤーのブレンド効果を変えてみてください。同時に変化しましたね。リンクは個別のレイヤーを選択して作業すれば個別に設定可能です。そうです。若干動きが違いますね。上手く使い分けてください。

　一度、グループ化したレイヤは"歯車アイコン"▶ドロップダウンメニューの**"レイヤーをグループ化解除"**で元に戻せます。

　さて、一旦終了して、前記と同じJPEG画像を開き直して新しく開いてもう少しレイヤーについて詳しく学びましょう。レイヤーは"メニューバー"▶"レイヤー"からも様々なコントロールができます。"メニューバー"▶"レイヤー"▶"新規レイヤーを作成"▶"ダイアログボックス"▶"空のレイヤー"▶"OK"で新規レイヤーが追加されましたね。

バケツツールを選択して、画面全体オレンジ色で塗りつぶします。

"レイヤーパレット"▶"不透明度":50%にしてください。レイヤーパレットの一番上のオレンジのレイヤーがアクティブになってるのを

確認したら、"メニュバー"▶"レイヤー"▶"レイヤーを隠す"を選択しましょう。

　画像のオレンジが消えて、該当レイヤーのチェックボックスチェックがはずれているのを確認しましたか。

　再度表示したい時は"メニューバー"▶"レイヤー"▶"レイヤーを表示"を選択します。また、レイヤーパネルのチェックボックスをチェック、非チェックでもコントロールできます。

　それではレイヤーパレットの一番上オレンジのレイヤーを削除しましょう。オレンジのレイヤーがアクティブなのを確認したら、下の"-"アイコンをクリックします。

　Pixelmatorには**透明部分を保護**する機能があります。これをトライしてみましょう。

　"自動選択ツール"で背景をドラッグしながら選択してください。そして、"delete"します。背景が透明になったのを確認したら、"メニューバー"▶"編集"▶"すべての選択を解除"をしましょう。

　次に"メニューバー"▶"レイヤー"▶"透明部分を保護"を選択します。

　そして、ブラシツールに持ち替えて、何色でも良いから塗ってみましょう。透明部分には色がはみでなくなったと思います。

3_2:長方形選択ツール/楕円形選択ツール

　さて、前節のファイルは一旦終了しましょう。そして、新たにファイルを開きましょう。練習用の画像ファイルがあれば、そのファイルを画像ファイルをPixelmatorのアイコンにドラッグして開いてください。もしなければhttp://goo.gl/dKrKZF
インターネット・ブラウザを立ち上げて、上記をURL欄に正確に入力してください。(注)
なお、巻末には本書で使用する写真素材等のダウンロード先をまとめて記載(QRコードを含む)してあります。

　開いたら、長方形選択ツールを選んで花の周りをドラッグしながら囲んでください。(Shiftを押しながらドラッグしますと正方形になります。Optionキーを押しながらドラッグすると中央を基準に選択できます。) 楕円形選択ツールも、四角形と円形の違いだけで同様の操作です。

注:上記アドレスはGoogle url shortenerを使用しています。赤字部分を入力するだけでも大丈夫です。なお、リンク切れ等の場合はクリエイティブ・コモンズ(http://creativecommons.org)でflower等と検索してください。

次に"メニューバー"▶"編集"▶
"コピー"、続けて、"メニューバー"
▶"編集"▶"ペースト"で見ためは
変わりませんが、レイヤーが追加さ
れています。

確認したら、移動ツールを選び
ます。移動ツールで位置を左上に
移動、8隅のコーナーポイントを
ドラッグで縮小します。下のサン
プルと同じ位置になったら"OK"
ボタンをクリックしましょう。

3_3:ぼかしツール

　　ぼかしツールを選択、ぼかしツールは部分的にぼかしたいところをブラシで塗るような処理ができます。オプションメニューで必要なブラシとぼかしの強さを選択できます。それでは小さい花のレイヤーがアクティブなことを確認してから、ブラシパレットで100を選択、"ツールオプションバー"▶"強さ":50%、に設定したら画像をマウスでなぞってください。

　　どうですかきれいにぼけましたか。若干露出を落とすために、レイヤーパネルで"不透明度"を90%にしてください。しかし、まだ境界線がおかしいですね。これをなじませましょう。

3_4:拡大・縮小ツール

　　ツールパレットから虫眼鏡アイコンを選択、画面をクリックしますと拡大できます。Optionボタンを押しながらクリックしますと縮小できます。今回はOptionボタンを押さずに拡大しましょう。

3_5:スタンプツール

　ツールパレットからスタンプツールを選びます。さて、いよいよ細かい作業に入ります。スタンプツールは予め周辺箇所（ブラシの大きさ）をサンプリングして、塗りたい場所にペーストするツールです。周囲をなじませたい時やの対象物を削除したい時などに威力を発揮します。それでは、スタンプツールを使う前に、コマンド＋Dで選を解除、"レイヤーパレット"▶"歯車アイコン"▶"すべてのレイヤーを結合"をしてください。

　そして、Option ボタンを押しながら、なじませたい色の周辺をクリックして、位置関係を取得します。その後、Option ボタンを離し、なじませたい場所をクリックして、位置関係を取得します。その後、Option ボタンを離し、なじませたい場所をクリック、もしくはドラッグで連続的ペーストしながら塗りましょう。ブラシは用途に合わせて選んでください。今回は30で良いでしょう。サンプリング（Optionボタンを押した時）とペーストはカーソルに対して同じ位置関係で移動します。慣れれば便利なツールです。
花びらの周りはすこし避けてください。花びら周辺は別のツールで作業（次節）します。

3_6:指先ツール

　花びらの境目は指先ツールを使います。ツールパレットのワープツールのプルダウンメニューの中に指先ツールがあります。このツールは指でこすったような状態が再現できます。ブラシと同じように各種ブラシが使用できて、こする力は0%から100%の間で調整できます。それでは、ツールパレットから指先ツールを選択、"強さ"を100%に設定して、花びらと背景の間をこすってなじませてみてください。きれいになじんでいると思いますが、合成した花の茎がないのが気になりますね。次の作業はこれにを合成しましょう。

3_7:多角形選択ツール

　　ツールパレットから多角形選択ツールを選びましょう。茎の周囲をクリックしながら選択します。多角形選択ツールはクリックするたびに選択線が引かれます。最初にクリックした箇所で閉じるようにします。多角形選択ツールは始点と終点が重なるところでクリックしますと確定します。(Shiftを押しながらの場合は選択範囲を追加します。Optionを押しながらですと選択範囲を削除します。)そしてコピー&ペースト(コマンド+C、コマンド+V)

をします。移動ツールに持ち替えて、レイヤーがアクティブになっていることを確認したら、移動、縮小、回転などで適正な大きさにして、不透明度を50%に設定します。
作業が終わったら、レイヤーを結合しましょう。(レイヤーパレットの"歯車アイコン"▶"すべてのレイヤーを結合")

3_8:切り抜きツール

さて、花びらを追加修正したことによって、構図的にちょっとバランスがわるいですね。切り抜きツールを使って、写真をトリミング（クロップ）しましょう。

切り抜きツールは画面をトリミング（クロップ）するためのツールです。Pixelmatorは不必要な箇所を"削除"または"非表示"のどちらかを選択することができます。非表示の場合は元に戻すことができます。それではやってみましょう。

切り抜きツールを選んで、切り抜きたい箇所をラッグします。不必要な箇所が黒の半透明で覆われます。選択範囲の8カ所にポイントが表示され、微調整をしてクリックしましょう。回転も可能です。この回転のすばらしいことは選択範囲が回転するのでなく、画像（キャンバス）が回転しますので、水平線のある写真などの場合は簡単に修正トリミング（クロップ）が可能です。

　下は切り抜きツールを使って、トリミング（クロップ）の完成イメージです。

切り抜きツールの"オプションバー"▶"歯車アイコン"でドロップダウンメニューが表示されます。

選択されたレイヤーを切り抜く：現在選択されているレイヤーの大きさで切り抜きます。透明部分があるときはその透明部分をのぞいた箇所が切り抜きの対象になります。

キャンバスの回転：画像の回転をします。

ツールオプションバーの

形の制御のドロップダウン：8x5、1024x683、16x9、20x30、正方形など既存の縦横比率でサイズが固定されます。

モード：隠す：不必要な箇所の非表示として切り抜きます。

モード：削除：不必要な箇所の削除して切り抜きます。

3_9:クイックマスクモードで編集

　どうですか。切り抜きツールでトリミング（クロップ）できました
か。Pixelmatorにはその他、便利なツールがたくさんありますの
で、トライしていきましょう。前節の続きで作業してもよいのですが、
一旦終了して、新しく3_2節でダウンロードしたJPEG画像を開い
てください。今回は、クイックマスクモードをトライしてみましょう。

　クイックマスクモードはブラシや消しゴムなどの描画ツールを
使って、繊細な選択範囲を作成することができます。それでは"メ
ニューバー"▶"編集"▶"クイックマスクモードで編集"にチェック
をいれます。画像全体が赤く塗られましたか。次にブラシツールに
持ち替えましょう。"ツールオプションバー"▶"カラーボタン"は白
にしましょう。ブラシの大きさは30で、花を塗りつぶしてください。花
びらの赤が消えて見えてきますね。ここで大事なことはブラシのカ
ラーはマスクですからはっきり白にしてください。クイックマスクは
赤い部分が選択外になります。白て透明になったところが選択範
囲となります。もし、余計なところを
はみ出したら、消しゴムツールに
持ち替えて、描けば赤が追加さ
れ、選択範囲が狭められます。
ちょっと混乱しますが、白いブラ
シで描いていると思ってくださ
い。出来ましたか。

”メニューバー”▶”編集”▶”クイックマスクモードで編集”のチェックを外します。赤いマスクが消えて、花が選択状態になってますね。これで完成です。

　それでは、次のステップのために準備をしましょう。コマンド＋Cそしてコマンド＋Vで新しいレイヤー（花のみの画像）が追加されます。レイヤーがアクティブなことを確認したら、移動ツールに持ち替えて、左下にドラッグ移動、コーナーポイントで縮小してください。

3_10:スポンジツール

　次にスポンジツールの説明には入ります。下のサンプル画像が前節とちょっと違うのは気にしないでください。下のサンプルは前節で新しくファイルを作らず3_8節から引き続き同じファイルで作業している方と同じ画面です。それでは右下の小さな花びらのレイヤーをアクティブしましょう。

　それではツールパレットから"スポンツール"を選択します。

　スポンジツールは彩度を下げたい場合、または彩度を上げたい場合に使います。"ツールオプションバー"▶"モード"▶"彩度を下げる"、"流れ"(適用量)を90%にしてなぞってください。適当な彩度になったら完了です。

3_11:焼き込みツール/覆い焼きツール

　次に焼き込みツールを選択、焼き込みツールは輝度を下げます。ブラシパレットで適当な大きさを選び、範囲はハイライト、ミッドゾーン、シャドウと調整したいトーンを選択します。ミッドゾーンを選んでください。露出は覆い焼きと焼き込みの強さを調整します。50%にして、該当箇所をなぞりましょう。

　次レイヤーパレットでアクティブなレイヤーの不透明度を70%にして、"歯車アイコン"▶"すべてのレイヤーを結合"を選んでください。そのあと、ぼかしツールに持ち替えて合成した花の周囲をなじませてください。

　なお、この節では焼き込みツールを使いましたがPixelmatorには覆い焼きツールもあります。これは逆に輝度を上げる時に使用します。使い方は焼き込みツールと同じです。

3_12:消しゴムツール

　消しゴムツールは画像の一部を消すツールです。ブラシパレットで大きさを選択、"ツールオプションバー"▶"不透明度"で一度で消える量を調整できます。それでは画像の一部を消してください。

3_13:スポイトツール

　スポイトツールは画面の色と同色の色を取得します。スポイトツールを選択すると拡大鏡が表示され、"ツールオプション"▶"歯車アイコン"▶ドロップダウンでカラーの取得範囲を(注)選択できます。3x3でよいでしょう。

　　それでは背景の適当な場所をクリック、"ツールオプションバー"▶"カラーボタン"の色が取得した色に変更されましたか。この節は色を取得するところまでにしましょう。

(注)
1x1：選択した色を取得
3x3平均：3カ所のマスの平均値の色を取得
5x5平均：5カ所のマスの平均値の色を取得
11x11平均：11カ所のマスの平均値の色を取得
カラー値を16進数で表示：チェックを入れると16進数で表示します。

3_14:ブラシツール

　スポイトツールで色を選択しましたか。つぎにブラシツールに持ち替えましょう。(筆のイラスト)ブラシツールは文字通り絵を描く筆です。消しゴムツールで透明になった部分を塗って埋めてください。ブラシはペイントソフトの基本ツールですので、詳しく説明しましょう。

| ⚙. | 〜 | ▢ | ブレンド: 通常 | ⇕ | 不透明度: | ○ | 100% |

　"ツールオプションバー"▶"ブレンド　通常"をクリックしますとプルダウンメニューが表示されます。塗り重ねる色のモード選択します。"ツールオプションバー"▶"不透明度"は半調の設定、ブレンド効果は多くの種類があり、下の色と相対的変化しますので、いろいろトライしてみてください。後述にブレンド効果一覧を載せましたので参考にしてください。

それではブラシパレットの"歯車アイコン"▶クリックしてドロップダウン

アブストラクト：抽象的なブラシ類

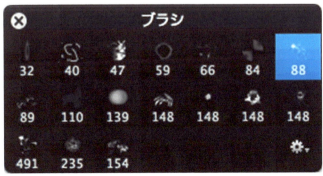

アーティスティック：絵画的な表現に適したブラシ類

デフォルト：標準の丸いブラシ類

グランジ：使い古された質感を表現したブラシ類

ネイチャー：雪や蝶など自然をイメージしたブラシ類

スモーク:煙や雲を描く時に便利なブラシ類

スパークル:星や光をイメージしたブラシ類

"ブラシパレット"▶"歯車アイコン"▶"ブラシ設定を表示"をクリッ
クしますとブラシの様々な設定ができます。
先端の形状
直径:ブラシの太さを変更
圧力:筆圧に応じて線の太さが変更されます。ペンタブレットに有
効です。マウスには反応しません。
スピード:線描くスピードを調整します。スピードを早めるとせんが
途切れるように細くなります。
堅さ:ブラシのぼかし具合を調整します。100%で一番堅くなりま
す。
散布:ブラシで描いたところが絵の具を散布したような表現になり
ます。100%に近づくつれて周囲に拡がった状態になります。
流れ:方向に追従:一部のブラシに適用されますが、描く方向に
対してブラシの角度が変わります。

形状の揺らぎ

サイズ:ブラシのサイズが変化しながら描かれます。100%の場合ボコボコした線になります。

線:100%に近づくと回転しながら描く線になります。

角度:一部のブラシに適用されますが、描く方向に対して角度がランダムに変化します。

不透明度:一部のブラシに適用されますが、ブラシ個々の透明度が変化します。
(一本の線で透明度が変化します)

カラーの揺らぎ

色合い:選んだ色を基準に色合いがランダムに混じります。

彩度:選んだ色を基準に、彩度の低い色がランダムに混じります。

明度:選んだ色を基準に明度が違う色がランダムに混じります。

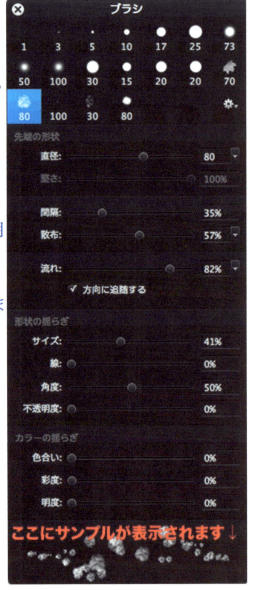

新規ブラシ:新規のブラシ(独自の設定)を作成できます。

イメージから新規ブラシを作成:イメージファイルからブラシを作成できます。自動的にグレースケールに変換されます。

　以上、ブラシの説明でした。描画(ペイント)がメインの方はいろ
いろトライしてみてください。それではチュートリアルに戻って続け
ましょう。透明部分を前節でスポイト取得した色で塗りましょう。下
がブラシツールで塗った状態です。

3_15:選択範囲描画ツール

　画像の背景に葉や茎がありますね。これを消しましょう。ブラシツールで塗ってもよいのですが、選択範囲描画ツールを使ってみましょう。このツールはドラッグした箇所の色を判別してブラシで塗るように選択範囲を確定します。Shiftを押しながらですと、今ある選択範囲が拡張されます。Optionを押した場合は削除されます。ではやってみましょう。"ツールオプションバー"▶"直径":30pxにしてください。自動選択ツールと似たような操作です。背景の下半分ほど選択したら、完了です。選択範囲が確定されましたね。

　Deleteボタンでカラーを削除、次に背景を濃いグリーンにします。まず、スポイトツールで背景の濃いグリーンを取得、次にバケツツールで透明部分に色を流し込みましょう。境界線が目立つようでしたら、指先ツールで消してください。

3_16:マジック消しゴム

　もう一つ便利なツールを紹介しましょう。マジック消しゴムです。マジック消しゴムは自動選択ツールと消しゴムを組み合わせたツールです。

　それでは、前々節の状態（背景が表示されている）にコマンド＋Zで戻してください。選択状態でしたらコマンド＋Dで選択解除もしましょう。　この節から始める場合は3_2節でダウンロードしたJPEG画像のアイコンをPixelmatorのアイコンにドラッグしてください。

　ツールパレットのマジック消しゴムを選んだら、"ツールオプションバー"▶"不透明度"：100%に設定（数字を小さくしますと半透明になります）、背景にしたい部分をなぞってください。リアルタイムに調整しなが削除できます。残った背景もshift押しながら、なぞれば綺麗に消えます。ついでに、あとから合成した左上の花（もしあれば）も削除（あらたに選択してdeleteで消えます。）してください。

3_17:グラデーションツール

それでは、次のステップに入るまえに、まず、花を"長方形選択ツール"で囲んでください。そして、移動ツールに持ち替えて"ツールオプションバー"▶"歯車アイコン"▶ドロップダウンメニューの"変形"をクリック、ツールオプションバーの表示が変わ

ります。縦横比を維持のチェックボックスのチェックを外す、"ツールオプションバー"▶"歯車アイコン"▶ドロップダウンメニューの"自由変形"でコーナポイントを回転して花を水平に、次に"遠近"で上部のコーナーポイント（右でも左でも）を内側に水平に動かしてください。再度、"自由変形"で天地

のみを（上部のポイントを下方向へドラッグ）縮小したあと、花をセンターに移動してください。完成したら"ツールオプションバー"▶"OKボタン"を押して完了してください。

次に"レイヤーパレット"▶"歯車アイコン"▶"新規レイヤーの作成"▶"空のレイヤー"を選択、レイヤーの上下をドラッグして入れ替えてください。レイヤーが2階層になってるの確認したら、下のレイヤーをクリック（アクティブな状態）してください。ここまで準備ができたら、ツールパレットのグラデーションツールを選択します。

グラデーションツールは選択範囲をグラデーションで塗りつぶします。　"オプションバー"▶"カラーボタン"をクリックしてブルー系を

選択、"ブレンド"は"通常"、"不透明度"は100%、デフォルトでよいでしょう。グラデーションツールを縦方向にずらして画面全体をブルーのグラデーションにします。ここで右のイメージに近い状態になりましたね。

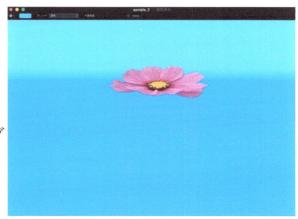

3_18:エフェクトブラウザ(歪み)

　Pixelmatorは、画像にさまざまなエフェクトかけるフィルターが予め内蔵されています。そのうち一部今回は波紋をつかってみます。まず最初にレイヤーパネルを新規作成しましょう。追加レイヤーは2枚です。合計4枚になりますね。新規レイヤーの一つは一番下にドラッグ、もう一つは一番上にドラッグしてください。それでは一番下のレイヤーをアクティブにして、全体にバケツツールで青色のベタをひいてください。次に、前節でグラデーションツールで処理したレイヤー(下から2番目)をアクティブにしてください。

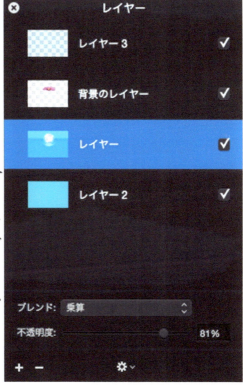

　そして、”メニューバー”▶”表示”▶”エフェクトを表示”でエフェクトブラウザを表示します。エフェクトブラウザの”歪み”▶”波紋”を選択、ダブルクリックします。時間、幅、サイズなどをスライダーで効果を見ながら調整します。満足できたら、レイヤーパネルで”ブレンド”：乗算、”不透明度”：80%にしましょう。

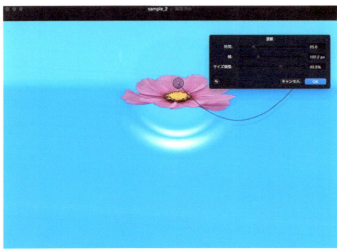

時間：25.0px
幅：102.2px
サイズ調整：30.3%

　次に一番上のレイヤーをアクティブにします。前ページの写真ように、レイヤーが4階層になってますか。確認したら”グラデーションツール”を選択、前章と同様カラーはブルー系を選んで、に全面グラデーションにします。”レイヤーパレット”で”不透明度”を15%程度に調整しましょう。これで、サンプルに近い仕上げになりましたね。

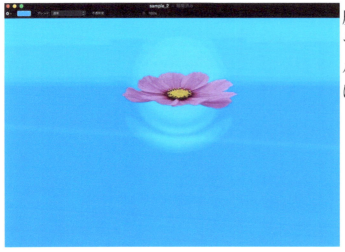

3_19:シャープツール

　さて、ここまで出来たところで、"レイヤーパレット"▶"歯車アイコ
ン"▶"すべてのレイヤーを結合"、そして、花びらの真ん中をシャー
プにしましょう。ツールパレットでシャープツールをクリック、花びら
の中心をなぞってください。なぞる範囲もツールオプションバーの
ブラシサイズで設定できます。"ツールオプションバー"▶"強さ"は
50%でよいでしょう。

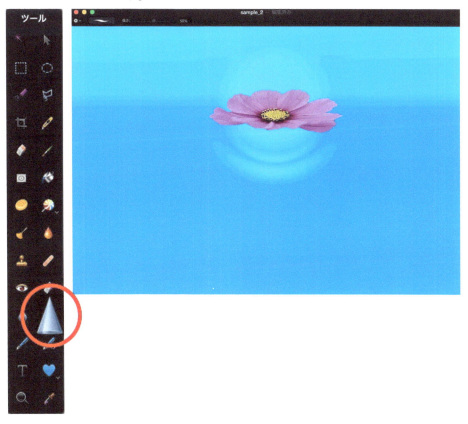

3_20:シェイプツール/シェイプの設定

　さて、いままではビットマップ系の話を中心してきましたが、Pixelmatorにはベクターデータを扱うことができます。ビットマップデータとベクターデータの違いを簡単に説明しますと、ビットマップデータは画像を色のついたドットと呼ばれる点の集合で再現するデータ方式です。それに対してベクターデータは画像を点の座標とそれを結ぶ線などを数値演算によって再現するデータ方式です。前者のビットマップは写真などの複雑なトーン等を表現するのに向いています。後者のベクターは図形などを表現するのに向いています。そして拡大縮小しても画質は損なわれません。ただし、写真のような複雑な輪郭線や配色はできません。

　シェイプツールを長押して、長方形を選んでください。

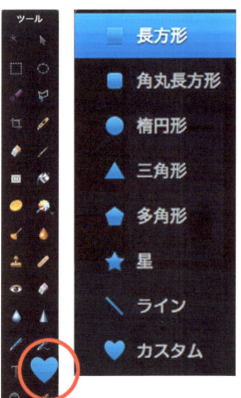

　シェイプは塗り(描かれた輪郭線の内側)と線(描いた輪郭線)で生成されています。シェイプ設定パレットが表示されてなかったら、"メニューバー"▶"表示"▶"シェイプ"を表示で表示してください。

それでは、シェイプの設定パレットで設定しましょう。"塗りつぶし"
▶"カラー"▶"カラー選択ボタン"で今回は白を選択、次に、"線"
▶"なし"を選択します。線をカラーにしますと"幅"で線の太さ、"ス
タイル"で点線なども選択できます。今回は"なし"なのでグレーの
非アクティブになってます。

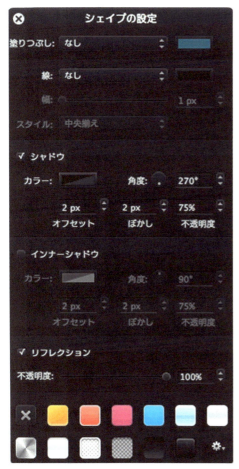

塗りつぶし：なし、カラー、グラ
デーションの設定ができます。
カラーボタン：カラーパレットを
表示します。
線：なし、カラー、グラデーション
の設定ができます。
幅：線の太さを設定します。
スタイル：輪郭線を内側、中央、
外側と設定します。
スタイル：実践、破線、点線と設
定します。
シャドウ
カラー：シャドウの色を設定しま
す。
角度：シャドウの角度を360°単
位で設定します。
オフセット：シャドーの距離（大き
さ）を設定します。
ぼかし：シャドーのぼかし具合を
調整します。

不透明度：シャドウ透明度の設定。
インナーシャドウ（設定は同じですが、シャドー部分がシェイプの
内側に反映されます。）
リフレクション（鏡面に図形が置かれた表現ができます。）
不透明度：上記のリフレクション効果の半透明調整をします。

どうですか。シェイプの設定を一通り理解したところで、画面の中央より上の部分にドラッグして左右いっぱいの白い四角を描きましょう。終わったら、"レイヤーパレット"▶"不透明度":20%とします。

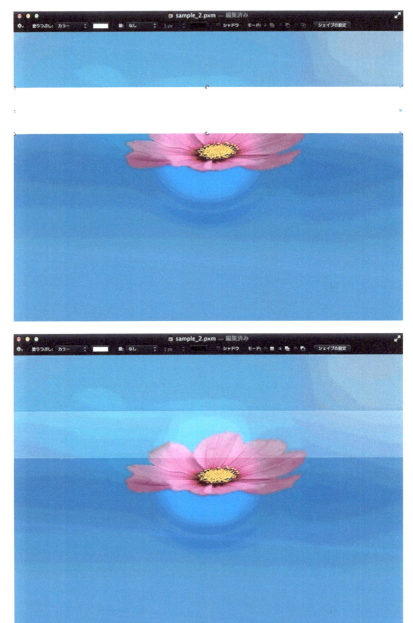

3_21:テキストツール

　次に画面に文字をいれましょう。ツールパレットのテキストを選択、画面上でクリックしますと、テキストボックスが表示されます。"ツールオプションバー"▶"歯車アイコン"▶"メニューがドロップダウン"します。ここでは、"自動でレイヤーを選択"をチェック(この機能は画面上のテキストをクリックすることで、該当レイヤーを自動的に選択します。レイヤーが複数あって後からテキストを修正する時など威力を発揮します。)それでは、ドロップダウンは閉じましょう。残りの項目のほとんどはツールオプションバーで設定できます。"ツールオプションバー"▶"T"▶"Helvetica"▶"ボールド"▶"サイズ":100▶"カラーボタン":赤にして、Pixelmatorと入力します。同じく"ツールオプションバー"の右側にある"テキストの行間設定"のドロップダウンを"1"(今回は1行なので無関係)、"テキストの字間設定のドロップダウン"を"-5%"(これもお好みで適当に)にしてください。位置と大きさは移動ツールに持ち替えて調整してください。最後にレイヤーパレットの"ブレンド"を"通常"に、"不透明度":80%に変更しましょう。

どうですか？下のサンプルと同じになりましたか。

それでは、文字設定をもう少し詳しく説明しましょう。先ほどの"ツールオプションバー"▶"歯車アイコン"をクリックしてください。

フォントを表示：フォントパネルの表示/非表示

変形：テキストボックスの拡大/縮小や回転などができます。

ボールド/イタリック/アンダーライン/打ち消し線：文字どおりフォントのスタイルを設定します。

アウトライン：フォントを縁取りしたように加工します。

大きく/小さく：1ポイントづつ拡大/縮小します。

カーニング：選択した文字間隔をきつくもしくはゆるくします。

リガチャ：fiやflなど、欧文書体の合字を有効にするしないの設定。

ベースライン：選択したテキストの基準の位置（上付き/下付きなど）を設定します。

大文字の設定：すべて大文字、すべて小文字、先頭文字だけ大文字と設定します。

左揃え/中央揃え/右揃え/両端揃え：テキスト行の配置を設定。

シェイプに変換：テキストのアウトライン化をします。前記の縁取りとちがって、ベクターデータに変換します。シェープの各種エフェクトが適用できたり、文字を一つ一つ別にすることができます。ただし、一度シェイプに変換しますと、テキストにもどすことはできません。

ピクセルに変換：ビットマップデータに変換します。

3_22:ペンツール/シェイプの設定

　ツールパレットのペンツールを選択してください。このツールは
シェイプと呼ばれる図形と線を描くためのものです。ちょっと練習し
ましょう。まず、直線はクリックして、少し離れた場所をもう一度ダブ
ルクリックします。多角形を描く時は、クリック、離れた場所、離れた
場所、最初のクリックしたところをクリックで囲まれた図形が出来
上がります。曲線はまずクリック、次に離れた場所をドラッグ、そし
て、離れた場所をドラッグ、最後に、最初のクリックしたポイントをク
リックしますと曲線で構成された図形が出来上がります。クリック
した箇所をアンカーポイントと言います。あとから、これは移動して
形を調整できます。

　練習した箇所は選択して、deleteしたら、まず、4カ所、
shiftを押しながら長方形になるように図形を描いてく
ださい。シェイプの設定は"塗りつぶし"▶"カラー"▶"
カラー選択ボタン"で今回は黄色を選択、次に、"線"
▶"なし"を選択します。

完成したら、その長方形に矢印を加えるためにペンツールで三角形を描きます。下のサンプルのようになってますか?

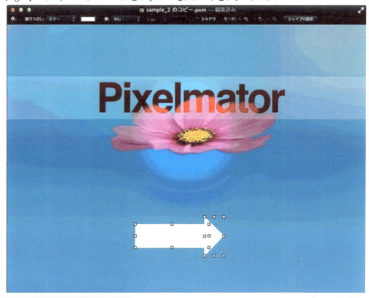

さて、この2つのシェイプを合体させましょう。簡単です。レイヤーパレットでペンツールで描いた複数のレイヤーを上記の写真のように選択(アクティブに)します。次に”レイヤーパレット”▶”歯車アイコン”▶”レイヤーを結合”を選択してください。合体した矢印になりましたね。

　それでは、次にシェイプの設定にはいりましょう。まず、合成された矢印のレイヤーがアクティブになっているのを確認しら、"シェイプの設定"▶"シャドウ"をチェック"カラー":シャドウの色を設定できますが、デフォルトでよいでしょう。"角度":300度

に変更、"オフセット":5pxに設定、図形と影の距離、数字が大きいほど影が大きく見えます。"ぼかし":10pxに設定、"不透明度":60%に設定、これはシャドーの透明度を設定します。なお、インナーシャドウは図形の内側になります。最後にリフレクションにチェックを入れてください。リフレクションは図形の足下の反射効果を追加します。矢印のシェイプのレイヤーを"レイヤーパレット"▶"ブレンド"をオーバーレイに設定後、テキストツールでNextと入力しましょう。"ツールオプションバー"▶"フォントサイズ":48、"カラー":白でよいでしょう。後は移動ツールで矢印の図形の中にレイアウトしてください。

3_23:フリーフォームペンツール

　　　フリーフォームペンツールはマウスで描いた曲線を
自動的になめらがにします。基本的な機能はペンツー
ルに準じます。まだ、もう少し使ってないツールがあり
ますね。つぎのステップに進みましょう。

3_24:スライスツール

　前ページの矢印はWebページのボタンみたいですね。そうです。
ボタンなどを切り出すときに便利なのがスライスツールです。"ツー
ルパレット"▶"スライスツール"を選択、Nextと描いてある矢印の
イメージをスライスツールで囲んでください。ついでにもう一つ
Pixelmatorの文字も囲みましょう。選択範囲の8隅にあるポイント
で細かく調整できます。選択範囲全体を動かすには矢印
キーで1ピクセルごと、shiftを押しながらですと、10ピク
セルごとに移動できます。"ツールオプションバー"の"ス
ライス1"はファイル名を変更できます。

　"フォーマット"も、JPEG、PNG、GIF、WebPと書き出せます。今回は"ツールオプションバー"▶"フォーマット"をPNGにして、"Web用に書き出す"ボタンをクリックしてください。どうですか。便利ですね。保存した場所のファイルを開いて確認しましょう。
　なお、ドロップダウンメニューの"スライスの削除"は選択したスライス矩形の削除です。下の絵には影響しません。"スライスの消去"はすべてスライスを消去します。これも下の絵には影響しません。スライスは他のツールに持ち替えるとスライス矩形は非表示になります。再度、スライスツールで表示されます。

　さて、スライスが出来たことを確認したら、Pixelmatorのファイルを保存して、閉じましょう。

3_25:赤目ツール

　赤目ツールの説明をしましょう。フラッシュ撮影で人物など撮った時に目だけが赤くなる現象があります。これを画像処理で修正するツールです。それでは、ご自身で撮影した赤目現象の写真を用意してください。もし、なければ、この節は読むだけにしましょう。

　それでは、写真を用意はできた方は、その写真ファイルのアイコンをPixelmatorのアイコンにドラッグして新しくを開きましょう。

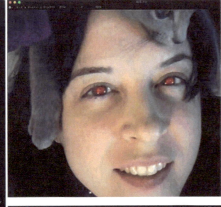

次に赤目ツールを選択します。"ツールオプションバー"▶"直径"の％を眼球と同じ大きさにします。赤い目の上でクリックします。何度かクリックすることによって赤が軽減します。

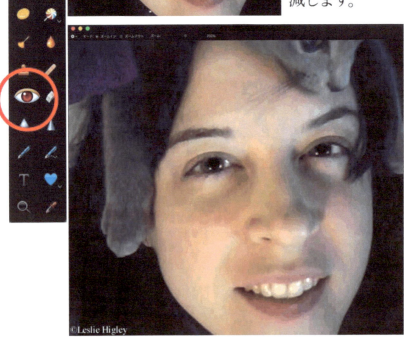

©Leslie Higley

3_26:ワープツール

　今まで説明してないツールで、ワープツール、バンプツール、ピンチツール、回転ツールなどがありますが、これらは前述の指先ツールにプラス特殊な表現効果を加えたツールです。それではワープツールからはじめましょう。こんどは先ほどとは、また別のサンプル写真が必要です。http://goo.gl/poq163のサイトからサンプルと同

じ写真画像を右クリック▶"イメージを別名で保存"でダウンロードします。インターネット・ブラウザを立ち上げて、上記(赤字部分)をURL欄に正確に入力してください。なお、巻末には本書で使用する写真素材等のダウンロード先をまとめて記載してあります。Pixelmatorを先の写真で新しくひらきます。ツールパレットの"ワープツール"(指先ツールが表示されてましたら、長押しします)を選択、"ツールオプションバー"▶"直径":わかりやすくするために大きく200pxにしてください。▶"強さ":50%に設定、そのまま、左から右にドラッグしてください。ドラッグした場所がたわみ(歪み)ます。

3_27:バンプツール

　コマンド＋Zで初期状態にもどして、バンプツールに持ち替えて
ください。ワープツールを長押し、または"ツールオプションバー"
▶"歯車マーク"▶"ドロップダウンメニュー"からも選択できます。
適当な箇所に置いてしばらくクリックしたままにしてください。描い
てあるものを外側に移動するような表現になります。試しましょう。

3_28:ピンチツール

　再度、コマンド＋Zで初期状態にもどし、ピンチツールを選択（バンプツールを長押し、または”ツールオプションバー”▶”歯車マーク”▶”ドロップダウンメニュー”からも選択できます。）、前章と同じように、画面上をちょっとの間、クリックしたままにしてみてください。中心に向かってつまむように集まる様子が確認できましたか。

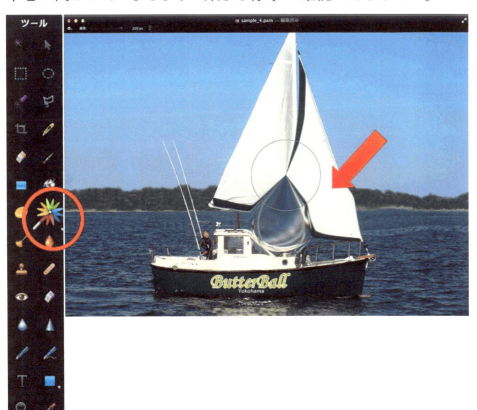

3_29:回転ツール

　そして、最後は回転ツールです。コマンド＋Zで初期状態にもどして、回転ツールを選択してください。(ピンチツールを長押し、または"ツールオプションバー"▶"歯車マーク"▶"ドロップダウンメニュー"からも選択できます。)画面上でやはり同じように、ちょっとの間クリックしたままにしてください。螺旋状に回転しますね。

3_30:なげなわツール/一列ツール/一行ツール

なげなわツール、一列及び一行ツールの説明をしましょう。

なげなわツール：自由な線で選択します。
一列ツール：縦方向に1ピクセルを選択します。
一行ツール：横方向に1ピクセルを選択します。

3_31:修復ツール

　修復ツールは非常に便利なツールです。例えばですが、複数の
人が写ってる人物写真などで、自分の顔だけ一人で写ってるよう
な写真にしたい時などに威力を発揮します。それでは、クリエイティ
ブ・コモンズのサイトを通してサンプルと同じ写真をダウンロードし
ましょう。下記のサイトです。

http://goo.gl/fuZCTx

インターネット・ブラウザを立ち上げて、上記をURL欄に正確に入
力してください(注)。なお、巻末には本書で使用する写真素材等の
ダウンロード先をまとめて記載(QRコードを含む)してあります。

　　　　さあ、写真の用意はできましたか。写真素材ファイル
をPixelmatorのアイコンにドラッグして、新たに開いてく
ださい。修復前の画像の準備ができました。それでは左
側の羊を消してみましょう。

©Mark Peters Photography

注:上記アドレスはGoogle url shortenerを使用しています。赤字
部分を入力するだけでも大丈夫です。なお、リンク切れ等の場合は
クリエイティブ・コモンズ(http://creativecommons.org)で検索し
てください。

　ツールパレットの”修復ツール”（絆創膏のアイコン）を選択、”
ツールオプションバー”▶”直径”：35pxに設定して、左側の羊の上
をドラッグしてみてください。丁寧に左の羊を一挙に塗りつぶしま
しょう。

　マウスアップで、修復作業が自動的に始まります。背景も見事に復元されて、まるでなかったような写真が出来上がりました。このツールは、画面のヨゴレや電線など、消したい時には特に便利です。なお、写真によっては意図どおりいかない場合もあります。

ツールの使い方などは、この章では終わりです。
次章は
フイルターなど画像アピアランスを学びましょう。

Chapter 4

4_1:選択範囲について

4_2:クリッピングマスクを使う

4_3:環境設定

4_4:グリッドガイドライングラデーションウィンドウ

4_5:グラデーションウィンドウ

4_6:レイヤーのブレンドについて

4_7:光の３原色について

4_8:画像の色調を調整する

        自動補正

        輝度

        レベル補正

        カーブ

        露光量

        明暗

        色相(RGB全体)

        色相(赤を調整)

        色相(オレンジを調整)

        色相(グリーンを調整)

        色相(ブルーを調整)

        色相と彩度(彩度/明度)

        カラーの適用

        色の置き換え

        バランス

        チャンネル

        反転/彩度を下げる

        白黒

4_9:フィルター各種/ぼかし

4_10:フィルター各種/歪み

4_11:フィルター各種/シャープ

4_12:フィルター各種/スタイル

4_13:フィルター各種/その他

4_14:ファイル情報

4_15:プロファイルでソフトプルーフ

4_16:カラープロファイル

4_17:書き出し

第3章までは主にツールの機能を勉強してきました。Pixelmator
はツールとそのオプションだけで大部分のやりたいことが可能でし
たね。第4章はより詳しくPixelmatorを使うためのノウハウを紹介
します。

4_1:選択範囲について

それでは選択範囲について
もう少し詳しく学びましょう。
あたらしくPixelmatorを開き
ます。写真は背景と主題が
はっきりしているものならば、
どれでもかまいません。自動
選択ツールで背景を選択し
てください。

　選択範囲に関しては一部第2章で、すでに説明しましたので、多
少かぶるところがあるかもしれませんが、復習を兼ねて学びましょ
う。

選択範囲を解除したい時は
”メニューバー”▶”編集”▶”**すべての選択を解除**”、または選択
ツールを選んだ状態で画面上をクリックしても解除できます。
もし、間違えて解除した場合は**再選択**で元に戻せます。
選択範囲を解除した場合、再選択できます。”メニューバー”▶”編
集”▶”**再選択**”またはコマンド＋Zでも戻せます。

近似色から選択範囲を作る

”メニューバー”▶”編集”▶”カラーを選択”でカラー選択ダイアログボックスが表示されます。選択したい色（例えば花びらの上）をクリックします。次に”半径”をスライダーで調整しますと近似色のエリアを縮小拡大ができます。白い箇所が選択範囲となります。

カラーボタン：クリックしますとカラーパレットが表示されます。
半径：スライダーで調整しますと近似色のエリアを縮小拡大できます。白い箇所が選択範囲となります。

選択範囲をなめらか、ぼかし、サイズ変更をする

選択範囲のカスタマイズで、選択範囲の境界をなめらか、ぼかし
（フェザー）、サイズの調整などができます。選択ツールで花を選択
状態にしてください。"メニューバー"▶"編集"▶"**選択範囲のカス
タマイズ**"でダイアログボックスが表示されます。選択範囲外は赤の
半透明で覆われています。

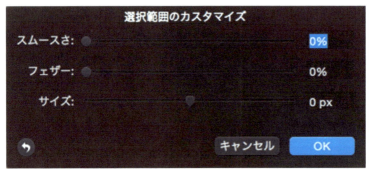

スムースさ：選択範囲の境界をなめらかします。
フェザー：選択範囲の境界をぼかします。
サイズ：選択範囲をピクセル単位で拡げる、もしくは縮小します。

選択範囲をべた塗りする

選択範囲をべた塗りすることができます。次選択ツールで背景を
選択してください。"メニューバー"▶"編集"▶"べた塗り"でダイア
ログボックスが表示
されます。

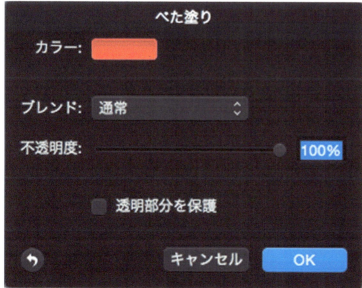

カラー:塗りつぶしたい色を選択できます。
ブレンド:下地の色とブレンド設定できます。
不透明度:下地の色に対して透明度を設定できます。

選択範囲に線を描く

選択範囲の境界線に線をひくことができます。前頁の選択状態の
まま、"メニューバー"▶"編集"▶"線"でダイアログが表示されま
す。

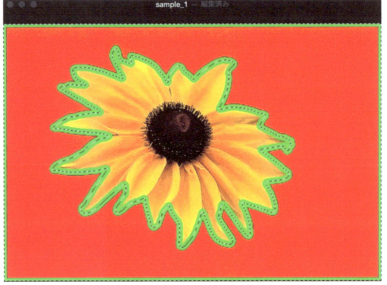

カラー：線の色を選択でき
ます。
幅：ピクセル単位で線の
太さを選択できます。
位置：境界線の基準に線
の位置を設定できます。
ブレンド：下地の色とブレ
ンド設定できます。
不透明度：下地の色に対
して透明度を設定できま
す。

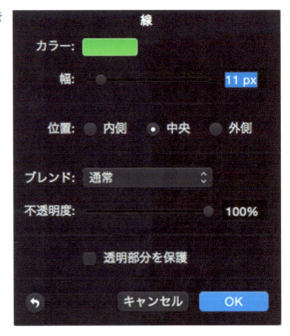

4_2:クリッピングマスクを使う

　クリッピングマスクを使ってみましょう。クリッピングマスクとは、あるレイヤーの透明部分を使用して、その上のレイヤーにマスクを適用する機能です。Pixelmatorでは下面のレイヤー(図形などマスク)が上面のレイヤー(角写真)を切り抜いた状ように見せることができます。

　適当な写真を用意してください。なければ、クリエイティブ・コモンズのサイトを通してサンプルと同じ写真をダウンロードしましょう。(注)

http://goo.gl/WbYVE4

インターネット・ブラウザを立ち上げて、上記をURL欄に正確に入力してください。なお、巻末には本書で使用する写真素材等のダウンロード先をまとめて記載(QRコードを含む)してあります。

それではダウンロードした写真をPixelmatorのアイコンにドラッグして開きましょう。

©psyberartist

注：上記アドレスはGoogle url shortenerを使用しています。赤字部分を入力するだけでも大丈夫です。なお、リンク切れ等の場合はクリエイティブ・コモンズ(http://creativecommons.org)でflower等と検索してください。

　新規レイヤーを作成しましょう。
"メニューバー"▶"レイヤー"▶"新規レイヤーを作成"▶"透明
バック(空白)"を用意します。

　レイヤーパネルで確認したら、
"ツールパレット"▶"テキストツール"
を選択、"ツールオプションバー"▶
"T:Impact "▶"フォント288px"▶
"カラーボタンをブルー"にして
"A""B"と打ち込んでください。そし
て、フォントエリアを画面いっぱいに
拡げて、文字を選択状態にしたら、
"メニューバー"▶"表示"▶"フォント
を表示"、フォントパネルで再度、書体
を調整、サイズ等を1000pxぐらいに
拡大しましょう。

レイヤーの上下が左のようになっていると思います。それを右のように角写真のある一番下のレイヤーを一番上にドラッグで移動してください。一番上がアクティブになっている事を確認したら"メニューバー"▶"レイヤー"▶"クリッピングマスク"を作成を選択してください。どうですか。下のようになりましたか。これで完成です。

元に戻したい時は
"メニューバー"▶"レイヤー"▶"クリッピングマスクを解除"で元に戻せます。また、レイヤーパネルからも"クリッピングマスクを解除"で戻せます。

4_3:環境設定

　さて、今まではPixelmatorの環境設定を気にせず、学んできましたが、この節では環境設定を詳しく知って、より使いやすい環境にしましょう。
　"メニューバー"▶"Pixelmator"▶"環境設定"をクリックしますと環境設定ダイアログパレットが表示されます。

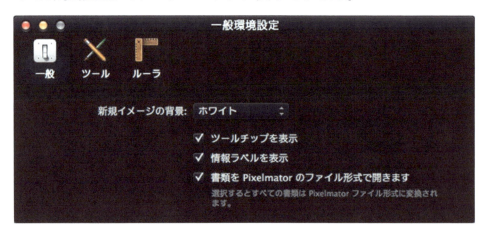

新規イメージの背景：新規に作成する時の背景カラーをホワイト、ブラック、透明のどれかに設定します。
ツールチップを表示：チェックを入れるとマウスオーバーで説明が表示されます。
情報ラベルの表示：チェックを入れると、描画、選択、リサイズなどの作業時に情報が表示されます。ズームインズームアウトツールはいわゆる虫眼鏡ツールです。
書類をPixelmatorのファイル形式で開きます：チェックをいれると書類をPixelmatorのファイル形式に変換します。

　ツールのボタンをクリックしてください。基本、選択、ペイント、レタッチ、ドローイングの各ツールを自分のツールパレットにドラッグで配置できます。また、ドラッグで戻すこともできます。リセットボタンで初期設定に戻せます。

基本ツール

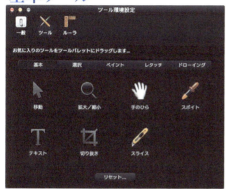

レタッチツール

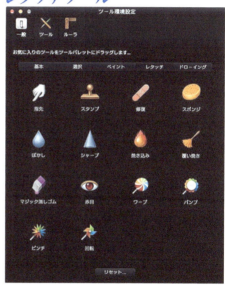

ペイントツール

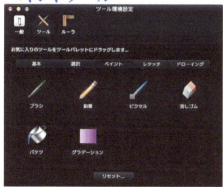

ドローイングツール

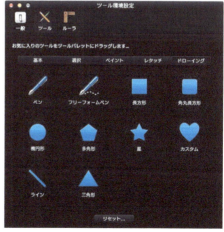

選択ツール

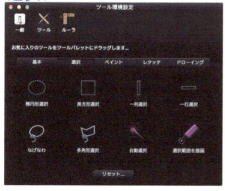

次にルーラをクリック、ルーラー設定パレットが表示されましたね。

デフォルトのルーラーの単位：ルーラーの単位をピクセル、インチ、センチ、ミリ、ポイント、パイカ、パーセントか選択できます。

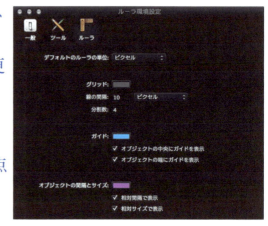

グリッド：グリッドの色を変更できます。

線の間隔：グリッドの実践の間隔を各単位で設定します。

分割数：実践と実践の間に点線が引かれます。その点線を何分割にするかの指定です。

ガイド：ガイドラインの色を指定します。

オブジェクトの中央にガイドを表示：チェックしますと移動したオブジェクトの中央にガイドが表示されます。

オブジェクトの端にガイドを表示：チェックしますと移動したオブジェクトの両端にガイドが表示されます。

オブジェクトの間隔とサイズ：カラーボタンでカラーを選択を選択できます。

相対間隔を表示：3個以上のオブジェクトがある場合、等間隔になったとき、ガイドで視認できます。

相対サイズを表示：3個以上のオブジェクトがある場合、等間隔になったとき、ガイドで視認できます。

4_4:グリッド/ガイドライン

　さて、環境設定を理解したところで、ルーラーを使ってみましょ
う。そして、Pixelmatorのグラデーションウインドウについても使い
ながら機能を把握します。サンプルと同じ写真をダウンロードしま
しょう。

http://goo.gl/zWHLLi

インターネット・ブラウザを立ち上げて、上記をURL欄に正確に入
力してください。(注)なお、巻末には本書で使用する写真素材等の
ダウンロード先をまとめて記載(QRコードを含む)してあります。ま
た、既存の写真でも問題ありません。それではダウンロードした写
真をPixelmatorのアイコンにドラッグして開いてください。

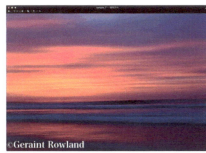
©Geraint Rowland

”メニューバー”▶”表示”▶”グリッド
を表示”をクリックしてください。前章
で説明した環境設定を開いて適正
なグリッドにしてください。確認した
ら、今回は使いませんので、”メ
ニューバー”▶”表示”▶”グリッドを
隠す”をクリックしましょう。

注：上記アドレスはGoogle url shortenerを使用しています。赤字部分を入力
するだけでも大丈夫です。なお、リンク切れ等の場合はクリエイティブ・コモンズ
(http://creativecommons.org)でflower等と検索してください。

　次にガイドラインを表示してみましょう。"メニューバー"▶"表示"▶"ルーラーを表示"をクリック、表示されたルーラーにマウスを置き、そこからドラッグでルーラーを画面の真ん中まで引き出します。上部ルーラーからは水平線、左のルーラーからは縦の直線が引き出せます。どうですか。ガイドラインが表示されましか。次のステップのために、そのままガイドラインは残しておきましょう。

4_5:グラデーションウインドウ

　それでは、次に"ツールパレット"▶"楕円形（シェイプ）ツール"を選択、そして"ツールオプションバー"▶"塗りつぶし：グラデーション"を選択します。

　あとはグラデーションパネルで設定します。もし、グラデーションパネルが表示されてなかったら、"メニューバー"▶"表示"▶"グラデーションを表示"で表示してください。"グラデーションパレット"▶"円形"をクリックします。上部にグラデーションの帯が表示されていますね。そのグラデーションの帯の下に四角いカラーポイントがありますね。その左のポイントをクリックして、カラーパレットが表示されたらホワイトを選んでください。ポイントがホワイトに変わるのを確認したら、右側のポイントをクリックして濃いブルーを選んでください。これで準備完了です。

先ほどの画面のガイドを基準にして、楕円形を描いてください。終わったらShiftを押しながらゆっくり正円を上からプラスして描きましょう。

　今度はシェイプ設定パレットです。インナーシャドウにチェックを入れて、カラーをブルーにして、角度270°、オフセットは20px、ぼかしを30px、不透明度を80%ぐらいで良いと思います。

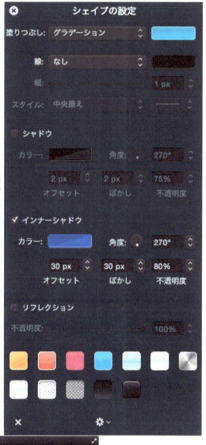

　もう少し詳しくグラデーションの設定をやっみましょう。前節の
シェイプは削除して、インナーシャドウのチェックも外しましょう。そ
れでは、"ツールパレット"▶"長方形(シェイプ)ツール"を選択、"グ
ラデーションパレット"▶"角度"をクリックします。上部にグラデー
ションの設定帯がありますね。その真ん中(A)あたりをクリックして
ください。四角いカラーポイントが作成されます。左のカラーポイン
ト(B)をクリックして黄色を選んでください。右端のカラーポイント
(C)は赤をカラーパレットから選択してください。Dの場所にコント
ローラのつまみがありますね。それを左右にドラッグしてみてくださ
い。どうですか。黄色と青のグラーションのミックス具合が変化しま
すね。同じようにEの場所のコン
トーローラも左右に動かして青
と赤の色調を調整してください。
それでは、長方形シェイプツー
ルをドラッグして、四角形を描い
てみてください。レイヤーパネル
で不透明度60%でよいでしょ
う。

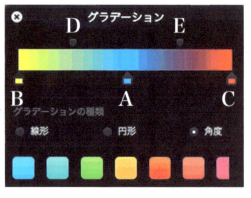

"線形":直線上のグラデーション。
"円形":選択箇所を中心に円形のグラデーション。
"角度":選択箇所を中心に360°の角度を調整できます。

グラデーションは3種類
あります。今回はグラデー
ションの変化がわかりや
すいように、角度にしまし
たが、円形、線形に切り替
えてみてください。

4_6:レイヤーのブレンドについて(一覧)

　今まで、何度か色のブレンド処理がでてきましたね。Pixelmatorには下のレイヤーに対して、上のレイヤーの豊富なブレンド効果が設定できます。まず、実行例をご覧になってください。ブレンド効果を確認したら次節に進んでもかまいません。もし、実際に効果を確かめたい場合は、4_2節でダウンロードしたJPEG画像をPixelmatorのアイコンにドラッグして開いてください。また、既存の写真でも問題ありません。

画像が表示されましたか。確認したら、"シェイプツールの長方形"を選択、"ツールオプションバー"▶"カラーボタン":レッド▶"線":なし、画面一杯にドラッグしてください。この状態でレイヤーパレットの"ブレンド"が通常、"不透明度":100%に設定してください。

オリジナル　　　　　　　　　　　　　　通常 100%

 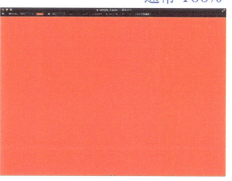

次に、"ブレンド":"通常"、"不透明度":50%、そして"ブレンド":"ディゾルブ"に

通常50%　　　　　　　　　　　　　　ディゾルブ

以下はすべて"不透明度":100%です。

比較(暗)100%

乗算100%

焼き込み(カラー)100%

焼き込み(リニア)100%

焼き込み(ソフト)100%

比較(明)100%

スクリーン100%

覆い焼き(カラー)100%

覆い焼き(リニア)100%

覆い焼き(ソフト)100%

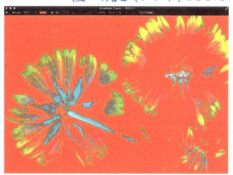

オーバーレイ100%

ソフトライト100%

ハードライト100%

ビビッドライト100%

リニアライト100%

ピンライト100%

ハードミックス100%

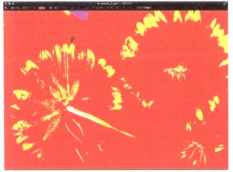

差の絶対値100%

除外100%

減算100%

除算100%

色合い100%

彩度100%

カラー100%

輝度100%

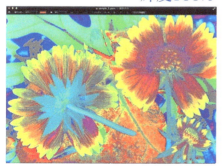

4_7: 光の3原色について

　次節(**画像の色調を調整する**)に進むにあたって、大事なことがあります。それは光の3原色です。ちょっと復習しましょう。

　光の3原色はR(赤＝Ｒｅｄ)、G(緑＝Ｇｒｅｅｎ)、B(青＝Ｂｌｕｅ)です。それらの色を混ぜ合わせることによってすべての色を表現します。色を混合すると光のエネルギーのよって明るくなります。3つの色が重なると白になります。これを"加法混色"といいます。

　絵の具の混合はイエロー、マゼンタ、シアンの3色です。全部の色を混ぜると黒になります。これを"減法混色"といいます。

　コンピュータは前記の光の3原色(加法混色)によって色を表示しています。いわゆるRGBです。Pixelmatorで色調を調整するには、この光の3原色(加法混色)を頭の中にいれて操作をします。下の図で説明します。　光3原色のカラーサークル

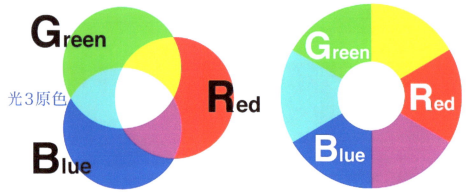

光3原色

　左が見なれた光の3原色の図ですね。次節から学ぶ画像の色調をコントロールするにはR(赤＝Ｒｅｄ)、G(緑＝Ｇｒｅｅｎ)、B(青＝Ｂｌｕｅ)の隣の色が何かというのを常に把握してなければなりません。そのために右のサークルを作ってみました。これはR(赤＝Ｒｅｄ)、M(赤紫＝magenta)、B(青＝Ｂｌｕｅ)、C(青緑＝cyan)、G(緑＝Ｇｒｅｅｎ)、Y(黄色＝Ｙｅｌｌｏｗ)の順番です。このサークルを必要ページに挿入しますので、混乱したら、確認してください。

4_8:画像の色調を調整する

　Pixelmatorは色調の調整する機能が豊富そろっています。この節ではそれらのひとつひとつを確認しながらやっていきましょう。こは読むだけでよいと思います。

　もし、実際に効果を確かめたい場合は、クリエイティブ・コモンズのサイトを通してサンプルと同じ写真をダウンロードしましょう。

（注）

http://goo.gl/G8NSkC

インターネット・ブラウザを立ち上げて、上記をURL欄に正確に入力してください。なお、巻末には本書で使用する写真素材等のダウンロード先をまとめて記載（QRコードを含む）してあります。また、既存の写真でも問題ありません。それではダウンロードした写真をPixelmatorのアイコンにドラッグして開いてください。画像が表示されましたか。

オリジナル

注：上記アドレスはGoogle url shortenerを使用しています。赤字部分を入力するだけでも大丈夫です。なお、リンク切れ等の場合はクリエイティブ・コモンズ(http://creativecommons.org)でf検索してください。

自動補正

　自動補正は最適だと思われる色調に自動で補正します。ほとんど変化のない場合もあります。メニューバーイメージカラー調整を選択選択しますとエフェクトブラウザが表示されます。その中のカラー調整自動補正を選択してください。

自動補正

輝度

　輝度は明度とコントラストを調整します。輝度のアイコンをダブルクリックしますとダイアログボックスが出現します。

リジナル

 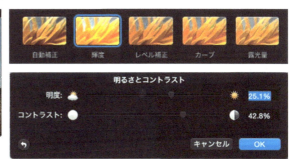

明るさとコントラスト：明度：25.1% コントラスト42.8%

レベル補正

　レベル補正アイコンをダブルクリックします。ダイアログボックスはRGB値をグラフで表しています。山の高低で目視できるようになってます。四角いポイントのスライダーはホワイト：最も明るくする位置、ブラック：最も暗くする位置、グレー：中間色の位置でそれぞれ調整します。

オリジナル

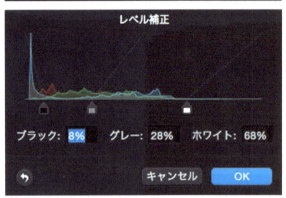

レベル補正
ブラック：8%
グレー：28%
ホワイト：68%

カーブ

色補正をカーブでコントロールする機能です。カーブアイコンをダブルクリックしますと、カーブのダイアログボックスが出現します。ダイアログにはRGB値をグラフと斜めの直線が表示されています。上部にRGBレッド、グリーン、ブルーと4個のボタンがあります。RGB全体を調整するか、3原色を個々に調整するかの切り替えです。ここではRGBをクリックして、斜めの直線を上方向にドラッグして滑らかな曲線にします。

オリジナル

山型曲線にすると画像が全体に明るくなります。

カーブ：山型曲線

それでは次にアンカーポイントを下方向にドラッグしてください。**谷型の曲線**になりしたか。画像全体が暗くなります。

カーブ：谷型曲線

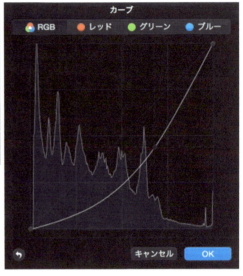

線上をクリックしますとアンカーポイントが追加できます。それを中心に滑らかな曲線が表示されます。**S字の曲線**にしてください。明るいところはより明るく、暗いところはより暗く、画像にメリハリを付けることができます。

カーブ：S字曲線

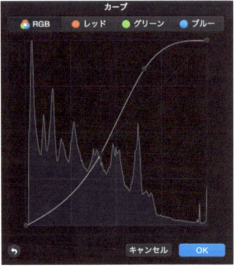

　右上のアンカーポイントを左方向に水平にドラッグ、左下のアンカーポイントを右方向に水平にドラッグしてください。**水平移動の折れ線**になりしたか。画像全体が硬い写真になります。

カーブ：水平移動の折れ線

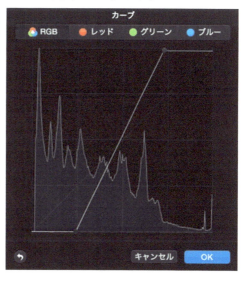

　線上を複数クリックしてアンカーポイントが追加してください。下のような**3次曲線**を作ってください。あまり、実用的ではないですが、変わったトーンの写真になります。

カーブ：3次曲線

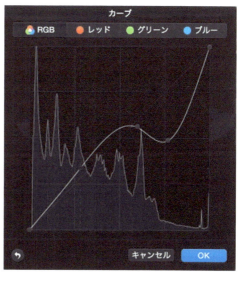

上部のボタン、**レッド**をクリックしてください。レッドのみのトーンカーブを調整してみましょう。谷型のカーブにします。

カーブ：レッド

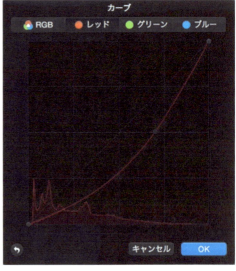

　上部のボタン、**グリーン**をクリックしてください。グリーンのみのトーンカーブを調整してみましょう。谷型のカーブにします。

カーブ：グリーン

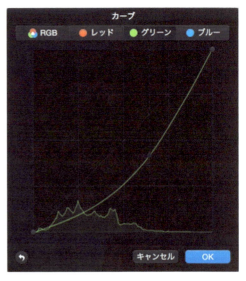

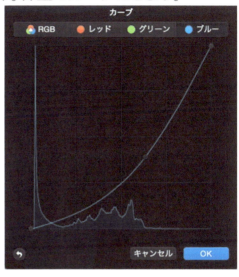

上部のボタン、**ブルー**をクリックしてください。ブルーのみの
トーンカーブを調整してみましょう。谷型のカーブにします。

カーブ：ブルー

どうでしたか。カーブでの補正は目視ですので、的確な調整がで
きますね。最後に**ブルー**で左下のアンカーポイントを上に、右上の
アンカーポイントを下にドラッグしてください。**水平な直線**にしてみ
ましょう。

カーブ：ブルー /水平直線

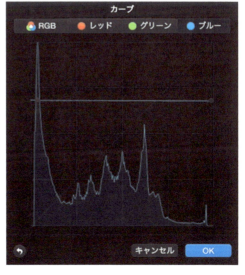

露光量

　露光量は露出を調整します。"露光量"のアイコンをダブルクリックしますとダイアログボックスが出現します。スライダーで調整できます。

オリジナル

 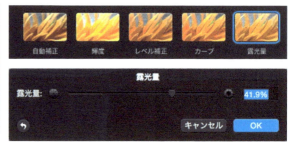

露光量：41.9%

明暗

　明暗はシャドー部分を明るくしたり、ハイライト部分をアンダーにすることができます。"明暗"のアイコンをダブルクリックしますとダイアログボックスが出現します。

それぞれ個別にスライダーでコントロールします。

オリジナル

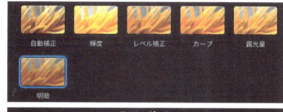

ライト&ダーク
シャドウを明るく:50.0%
ハイライトを暗く:50.0%

色相（RGB全体）

　色相は色味と彩度の調整をします。"色相"のアイコンをダブルクリックしますとカラーホイールが出現します。カラーホイールは周辺の丸いつまみを移動させることによって色相を変化することができます。このコントローラーは色相全体と特定の色相を個別に調整できます。

　それでは、上部の丸い3原色のボタンをクリックしてください。そして円周のオレンジボタンをつかんで322°まで回しましょう。色相が変化することを確認してください。

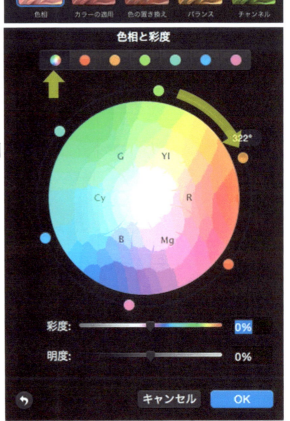

オリジナル

色相全体を322°回転

色相（赤を調整）

上部の丸い赤ボタンをクリックしますと、円周上のボタンが一つになり、赤の色相の範囲が角度で表示されます。この角度は範囲を設定できます。
円周の赤ボタンをつかんで時計方向に回転しましょう赤味が強調されます。

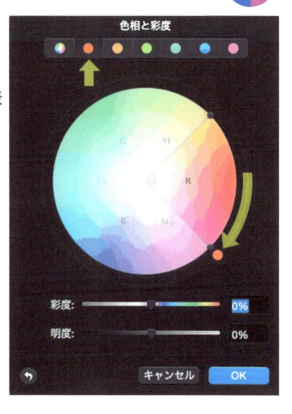

オリジナル

色相（赤）

色相（オレンジを調整）

　上部のオレンジのボタンをクリックしますと、円周上のボタンがオレンジ一つになります。オレンジの色相の範囲が角度で表示されます。

オレンジボタンを時計方向に回転します。オレンジ系が赤くなるのを確認してください。

オリジナル

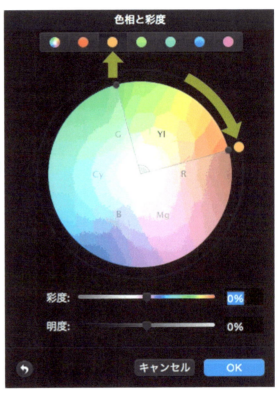

色相
（オレンジ）

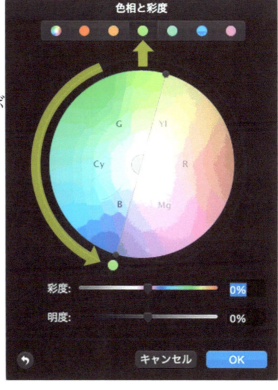

色相(グリーンを調整)

　グリーンのボタンをク
リック、グリーンの色相の
範囲が角度で表示されま
す。その角度を180°拡げま
しょう。円周上のグリーンボ
タンを反時計方向に回転
します。ブルーの空まで色
相が変化します。

オリジナル

色相(グリーン)

色相（ブルーを調整）

ブルーのボタンをクリック、ブルーの色相の範囲が角度で表示されます。その角度を時計方向に拡げます。円周上のブルーボタンを時計方向に回転します。ブルーの空がグリーンの色相に変わります。

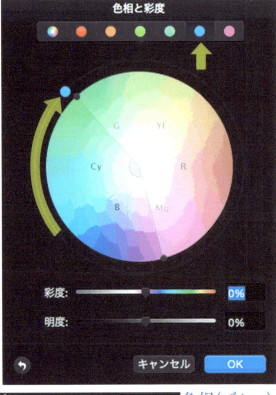

オリジナル

色相（ブルー）

色相と彩度（彩度/明度）

色相のアイコンをクリックしますとカラーホイールが出現します。カラーホイールは色相を調整するためのコントローラーです。

その下に彩度のスライダーがあります。このスライダーをコントロールして彩度を上げたり、落とす調整ができます。

そのまた下は明度のコントローラーです。この事例では彩度のみを55%上げてみました。

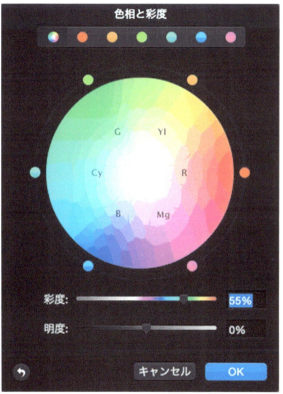

オリジナル

彩度55%

カラーの適用

カラーの適用は画像全体を単調（例えばセピア調）なカラーにします。"カラーの適用"アイコンをダブルクリックしますとカラーホイールが出現します。カラーホイールの円周上のつまみを時計回りに回してください。グリーン付近で止めてみてください。
彩度と明度はスライダーで調整できます。

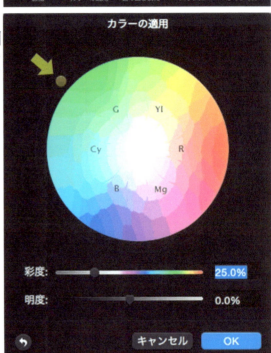

オリジナル

カラーの適用

色の置き換え

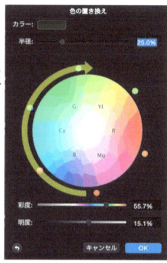

　色の置き換えは画像の特定な色を選択して、その色を別の色に置き換えることができます。”色の置き換え”アイコンをダブルクリックしますとカラーホイールが出現します。オリジナル上のグリーンの草原にマウスで色を選択してください。半径はスポイトの径です。カラーがグリーンの草原と同色を確認したら、円周上のつまみを時計周りに回転しましょう。草原が赤くなったら、彩度を若干上げてみてください。彩度と明度はスライダーで調整できます。

オリジナル

色の置き換え

バランス

　バランスは画像全体の色味を変更できます。例えば青みが強い写真を補正したり、逆に赤みの強い写真にするなどの調整をします。"バランス"アイコンをダブルクリックしますとダイアログが出現。画像のシャドウ部分、ミッドトーン部分、ハイライト部分に分けて設定します。カラーバランスはレッドからシアンまでの領域、マゼンダからグリーンまでの領域、イエローからブルーまでの領域をそれぞれのスライダーで目視しながらRGB調整をします。

オリジナル

バランス

ハイライト：
シアン/レッド81.8%

ミッドトーン：
イエロー/ブルー-45,7%

チャンネル

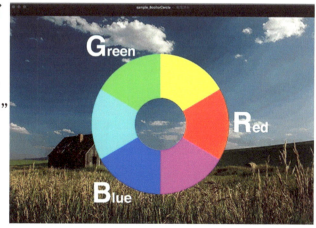

　チャンネルはいわゆるチャンネルミキサーといわれている
機能です。先に説明しましたが、コンピュータの画像は光の3原
色、R（赤＝Red）、G（緑＝Green）、B（青＝Blue）です。そ
れらの色を混ぜ合わせることによってすべての色を表現します。
チャンネルミキサーはレッド出力チャンネル、グリーン出力チャンネ
ル、ブルー出力チャンネルを個々にコントロールすることによって色
調を劇的変化させることができます。

　RGBのチャンネルを直接操作するため、いままでのように直感
的操作では難しいです。特定の色をコントロールするためには、そ
の色の補色、隣接する色（影響の出る色）などをしっかり把握しな
がら進めなければなりません。

　そのため、今までの素材にプラス、カラーチャートを合成します。
光の3原色のチャートならどれでもよいです。こちらにも、サンプル
のカラーチャートを用意しましたので、下記からダウンロードでき
ます。http://goo.gl/poq163インターネット・ブラウザを立ち上げ
て、左記（赤字部分）をURL欄に正確に入力してください。さて、カ
ラーチャートが用意できたところで前頁の写真の上に合成してく
ださい。合成はダウンロードしたカラーチャートのファイルを
Pixelmatorで開きます。カラーチャートの画像をコマンド＋C、前
頁で作業してたファイ
ルに、コマンド＋Vで
ペーストしましょう。
最後に"レイヤーパレ
ット"▶"歯車アイコン"
▶"すべてのレイヤを
結合"してください。

”メニューバー”▶”イメージ”▶”カラー調整”選択しますと、エフェクトブラウザが表示されます。その中の”チャンネル”をダブルクリックしてください。

チャンネルミキサーのダイアログボックスが出現しましたね。これをちょっと説明しましょう。

　上段に赤(レッド)、緑(グリーン)、青(ブルー)のボタンがありますね。これはそれぞれ赤(レッド)出力チャンネル、緑(グリーン)出力チャンネル、青(ブルー)出力チャンネルです。その下に、レッド、グリーン、ブルーの個々のソースチャンネルがあります。これをスライダーでコントーロールします。右に動かすと増 力、左に動かすと減力します。

出力チャンネル

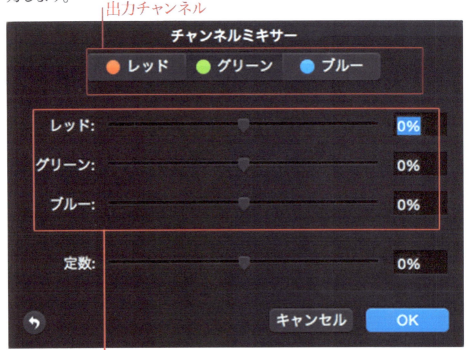

ソースチャンネル

　ここまでいったところで、再びRGBの説明に入りましょう。RGBカラーはRGB16進数で表すことができます。16進数ですので0が一番ちいさく0123456789ABCDEときて、Fが一番大きい値になります。6つの数字は2個ずつ区切って読みます。最初の2個はレッドの値、次の2個がグリーンの値、最後の2個はブルーの値です。例えばFF0000はレッドの位置が最大値ですのでレッドですね。00FF00はグリーンです。グリーンと レッドを重ねる光の3原色はイエローになりますね。レッドのFF0000とグリーンの00FF00を重ねてみてください。FFFF00です。気がつきましたかイエローの表記ですね。この表記法はよくできていますね。

RGB16進数表記法

赤の最小値　　緑の最小値　　青の最小値
00 00 00
赤の最大値　　緑の最大値　　青の最大値
FF FF FF

00FF00 — Green
FFFF00 — Yellow
Black 000000
00FFFF — cyan
White FFFFFF
Red — FF0000
0000FF — Blue
Magenta — FF00FF

　ここまで理解したところで次にいきましょう。チャンネルコントローラーでレッド出力チャンネルにします。レッドソースが100%になってると思います。これを左に0までスライドしてみてください。レッド出力チャンネルが減力されてカラーサークルのレッド部分がブラックになりましたね。これはFF0000レッドのFFが00になったのでRed部分が000000のブラックになりました。写真の色調としてレッドチャンネルが0なのでその補色シアン系の色調になります。

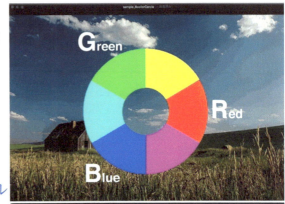

オリジナル

出力チャンネル ――――

ソースチャンネル ――――

レッド出力チャンネル
レッドソースチャンネル：
0%

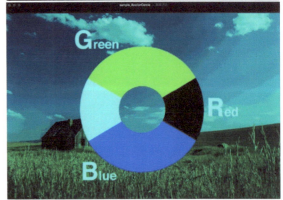

同じように、グリーン出力チャンネルのグリーンソースを0%に、カラーサークルのグリーンがブラックになって、写真の色調がグリーンの補色マゼンタ系の色調になりましたね。

出力チャンネル　ソースチャンネル　　グリーン出力チャンネル
　　　　　　　　　　　　　　　　　　　グリーンソースチャンネル：0%

　確認したらブルー出力チャンネルのブルーソースを0%にしてみましょう。カラーサークルのブルーがブラックになって、写真の色調がブルーの補色イエロー系の色調になりましたね。確認したら、コマンド+Z とで戻しましょう。

ソースチャンネル 出力チャンネル　　ブルー出力チャンネル
　　　　　　　　　　　　　　　　　　ブルーソースチャンネル：0%

チャンネル/モノクロ

　次はモノクロをやってみましょう。エフェクトブラウザの"チャンネル"をクリックしてください。最初のレッド出力チャンネルはレッドソースが100%になってると思いますので、そのままで、グリーン出力チャンネルをクリック、そして、グリーンソースを0%に、レッドソースが100%にスライドします。

出力チャンネル　　ソースチャンネル　　レッド出力チャンネル
レッドソースチャンネル：100%

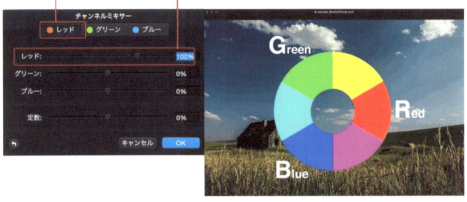

グリーン出力チャンネル
ソースチャンネル　出力チャンネル　グリーンソースチャンネル：0%
レッドソースチャンネル：100%

次にブルー出力チャンネルをクリック、そして、ブルーソースを0%
に、レッドソースが100%にスライドします。どうですか。モノクロに
なったでしょう。これはチャンネルの置き換えです。

ソースチャンネル　出力チャンネル

ブルー出力チャンネル
ブルーソースチャンネル:0%
レッドソースチャンネル:100%

チャンネル/カラー変換

　それでは、ちょっと応用編をやりましょう。赤い色の対象物（花でも車でも）が写っている写真を用意してください。なければクリエイティブ・コモンズのサイトを通してサンプルと同じ写真をダウンロードしましょう。下記のサイトです。(注)

http://goo.gl/d2Drxp

インターネット・ブラウザを立ち上げて、上記をURL欄に正確に入力してください。なお、巻末には本書で使用する写真素材等のダウンロード先をまとめて記載（QRコードを含む）してあります。
Pixelmatorのアイコンにドラッグして開いてください。画像が表示されましたか。
赤い車を”選択範囲描画ツール”で選択してください。車全体を選択できましたら、”メニューバー”▶”イメージ”▶”カラー調整”を選択しますとエフェクトブラウザが表示されます。その中の”チャンネル”をクリックしてください。

注：上記アドレスはGoogle url shortenerを使用しています。赤字部分を入力するだけでも大丈夫です。なお、リンク切れ等の場合はクリエイティブ・コモンズ(http://creativecommons.org)でf検索してください。

チャンネルミキサーのグリーン出力チャンネルをクリック、グリーンソーススライダーを0%、レッドソーススライダーを100%にします。黄色の車になったでしょうか。OKボタンをクリックしましょう。

出力チャンネル　　　　ソースチャンネル

グリーン出力チャンネル
グリーンソースチャンネル：0%
レッドソースチャンネル：100%

そして"メニューバー"▶"編集"▶"選択範囲を反転"を選んで、再度、チャンネルをクリック、最初のレッド出力チャンネルはレッドソースが100%になってると思いますので、そのままで、グリーン出力チャンネルをクリック、そして、グリーンソースを0%に、レッドソースが100%にスライドします。ブルー出力チャンネルをクリック、そして、ブルーソースを0%に、レッドソースを100%にスライドします。サンプルイメージのように劇的に変化しましたか。

レッド出力チャンネル
レッドソースチャンネル：100%

グリーン出力チャンネル
グリーンソースチャンネル：0%
レッドソースチャンネル：100%

ブルー出力チャンネル
ブルーソースチャンネル：0%
レッドソースチャンネル：100%

再度、左の画像を開きましょう。

オリジナル

反転

反転

反転は写真のポジとネガみたいな機能で、オリジナルカラーを反転します。"反転"アイコンをダブルクリックしますといきなり変化します。ダイアログボックスは出現しません。

反転

彩度を下げる

彩度を下げるは画像全体の彩度を下げます。つまり、グルースケールの画像に変換します。"彩度を下げる"アイコンをダブルクリックします。ダイアログボックスなしでいきなり変化します。後述の白黒は詳細なコントールができます。

彩度を下げる

白黒

白黒はカラーをモノトーンに変換します。"白黒"アイコンをダブルクリックしますとダイアログボックスが出現します。明度、コントラスト、粒状にするスライダーで画像を調整します。

オリジナル

明度：00.0% コントラスト：00.0% 粒：0.0%

明度：00.0% コントラスト：00.0% 粒：70.0%

4_9:フィルタ各種/ぼかし

　Pixelmatorは画像を演出するフィルタ機能が豊富そろっていま
す。この節ではそれらのすべてを紹介できませんが、比較的よく使
うフィルタをピックアップしてみました。ここは読むだけでよいと思
います。

　もし、実際に効果を確かめたい場合は、http://goo.gl/poq163
のサイトからサンプルと同じ写真画像を右クリック▶"イメージを
別名で保存"でダウンロードします。なお、巻末には本書で使用す
る写真素材等のダウンロード先をまとめて記載してあります。また、
既存の写真でも問題ありません。

ぼかし/ガウス

　さて、上記の写真でPixelmatorを開いてください。エフェクトブ
ラウザが画面に表示されてない場合は、"メニューバー"▶"表示"
▶"エフェクトを表示"をクリックしますとエフェクトブラウザが現れ

ます。その中の"ぼかし"▶"ガウス"
をダブルクリックしてください。
以下同様に。

"ぼかし"▶"ガウス"
半径:10.0px

ぼかし/モーション

"ぼかし"▶"モーション"
半径:10.0px
角度:0.0°

ぼかし/拡大/縮小(ズーム)

"ぼかし"▶"拡大/縮小(ズーム)"
量:20.0px

ぼかし/ソフト

"ぼかし"▶"ソフト"
ノイズのレベル:47.5%
シャープネス:37.2%

ぼかし/メディアン

"ぼかし"▶"メディアン"

ぼかし/小型化

対象物にピントを合わせ、背景をぼ
かす時に便利です。

"ぼかし"▶"小型化"
テキスト:楕円形
ぼかし:46%
トランジッション:30%

4_10:フィルタ各種/歪み

歪み/バンプ(凸凹)

　次は歪みフィルターを試してみましょう。エフェクトブラウザが画面に表示されてない場合は、"メニューバー"▶"表示"▶"エフェクトを表示"をクリックしますとエフェクトブラウザが現れます。その中の"歪み"▶"バンプ(凸凹)"をダブルクリックしてください。以下同様に。

"歪み"▶"バンプ(凸凹)"
半径:450.0px
サイズ調整:50,4%

歪み/バンプ(線形)

"歪み"▶"バンプ(線形)"
半径:259.7px
角度:48.4°
サイズ調整:33.3%

歪み/つまみ

"歪み"▶"つまみ"
半径:300.0px
サイズ調整:46.6%

歪み/穴

”歪み”▶”穴”
半径:150.0px

歪み/波紋

”歪み”▶”波紋”
時間:17.3
幅:111.6px
サイズ調整:-41.3%

歪み/ページカール

”歪み”▶”ページカール”
時間:46.7
角度:-28.2°
半径:188.9px

歪み/カプセル

”歪み”▶”カプセル”
半径:204.4px
屈折:34.0%

歪み/ガラスリング

"歪み"▶"ガラスリング"
半径:186.6px
幅:99.8px
屈折:34.0%

歪み/円形しぶき

"歪み"▶"円形しぶき"
半径:312.1px

歪み/置き換え

"歪み"▶"置き換え"

歪み/ガラス

"歪み"▶"ガラス"
サイズ調整:200.0px

歪み/パースワイプ

”歪み”▶”パースワイプ”
角度:180°
幅:30.0px
バーのオフセット:2.6%
時間:42.7

歪み/らせん

”歪み”▶”らせん”
半径:300.0px
角度:180.0°

歪み/渦巻き

”歪み”▶”渦巻き”
半径:783.3px
角度:3240.0°

歪み/円形状ラップ

”歪み”▶”円形状ラップ”
半径:150.0px
角度:0.0°

4_11:フィルタ各種/シャープ

　シャープフィルターはよく使いますね。"シャープ"は画像のドット全体にメリハリをつけます。"エッジ"は輪郭を強調します。気をつけないと画像が荒れた感じになります。"アンシャープ"(注)は柔軟なコントロールと複雑なデジタル処理で自然なシャープネスを実現できます。

シャープ/シャープ

それでは、シャープからダブルクリックで確認しましょう。

"シャープ"▶"シャープ"
シャープネス:30.4%

シャープ/エッジ

"シャープ"▶"エッジ"

シャッープ/アンシャープ

"シャープ"▶"アンシャープ"
半径:10.0px
強度:50.8%

注:アンシャープの名称はアンシャープマスクと解釈してください。強調処理にアンシャープマスクを加えたデジタル処理です。

4_12:フィルタ各種/スタイル

スタイル/クリスタル化

　ぼかし、シャープと続けてきましたが、Pixelmatorには画像が劇的に変化するフィルタが豊富に用意されています。それでは"エフェクトブラウザ"▶"スタイル"▶"クリスタル化"をダブルクリックしてください。以下同様に。

"スタイル"▶"クリスタイル化"
半径:12.1px

スタイル/ハニカム

"スタイル"▶"ハニカム"
サイズ調整:8.0px

スタイル/ピクセレート

"スタイル"▶"ピクセルレート"
サイズ調整:8.0px

スタイル/**点描画**

"スタイル"▶"点描画"
半径:12.1px

スタイル/ノイズ

"スタイル"▶"ノイズ"
量:17.5%
モノクロ:Check

スタイル/雨

"スタイル"▶"雨"
強さ:81.2%
角度:-76.8°

スタイル/雪

"スタイル"▶"雪"
強さ:60.0%
温度:80.0%

スタイル/ビンテージ

"スタイル"▶"ビンテージ"
パターン：ヨモギ
彩度：0%
ビネット：30%

スタイル/ライトリーク

"スタイル"▶"ライトリーク"
パターン：アルクトゥルス
量：100%
日照量：25%

スタイル/トワイライト

"スタイル"▶"トワイライト"
半径：4.2px

スタイル/フォッグ

"スタイル"▶"フォッグ"
半径：10.0px
強度：100.0%

スタイル/暗影

"スタイル"▶"暗影"
半径：10.0px
強度：100.0%

スタイル/スポットライト

"スタイル"▶"スポットライト"
輝度：2.0px
集積：2.9%
カラー：デフォルト

スタイル/コーティング

"スタイル"▶"コーティング"
イメージ：デフォルト
サイズ調整：10.0px

スタイル/エッジワーク

"スタイル"▶"エッジワーク"
半径：3.0px

スタイル/スケッチ

"スタイル"▶"スケッチ"
NRノイズレベル:70.0%
NRシャープ化:35.5%
エッジ強度:0.5%
しきい値:10.0%
コントラスト:5000.0%

スタイル/エッジ

"スタイル"▶"エッジ"
強度:29.4%

スタイル/漫画調

"スタイル"▶"漫画調"

スタイル/2階調化

"スタイル"▶"2階調化"
2階層化:50.0%

4_13:フィルタ各種/その他

　さて、前節まで、比較的使う機会の多いフィルターを紹介していきましたが、Pixelmatorには、まだまだ豊富に用意されています。

　この節では残りのフィルターをまとめて紹介します。それぞれ実際にトライしながら、効果を確認してください。

タイル：連続模様等のフィルター

ハーフトーン：印刷（製版）スクリーン効果を表現するフィルター

ジェネレータ：自動生成フィルター

その他：いろいろ

4_14:ファイル情報

　さて、今まで作成したファイル情報を確認しましょう。ファイル形式、ファイルサイズ、画像のサイズ、解像度などファイル情報の確認ができます。もし、この節から始める場合は既存ファイルを開いてください。

　"メニューバー"▶"ファイル"▶"ファイル情報"▶ダイアログボックスが表示されます。

一般情報(前述に加えカラーモデル、カラープロファイル等の表示)

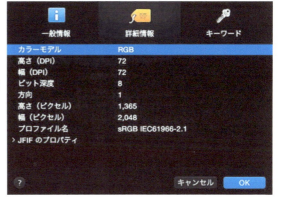

詳細情報(ビット深度等、より詳しい情報の表示)

キーワード(その画像に関するキーワードをいれときますと検索をした時にに便利です。

4_15:プロファイルでソフトプルーフ

　モニターによって同じデータでも色がちがいますね。PixelmatorはMacにあらかじめ用意されているカラープロファイル（注）を利用して、ソフトウェア的にシミュレータすることができます。次節で実際のカラープロファイルを埋め込みますが、その前に、このソフトプルーフで色味を確認できます。実際にカラープロファイルが埋め込まれるわけではありませんのでご安心を。

　"メニューバー"▶"表示"▶"プロファイルでソフトプルーフ"▶ダイアログボックスが表示されます。いろいろ確認してみてください。

注:カラープロファイルはデバイス環境やモニター等の違いを極力少なくして一定の色にするため、あらかじめ色特性を記録したデータのことです。

4_16:カラープロファイル

　次は、作成した画像ファイルにカラープロファイルを埋め込むことができます。カラープロファイルについて少し説明を加えますと、同じデータでも環境やモニターによって色が変わることはご存知ですね。そのデバイスの違いを極力少なくして一定の色にするために、Pixelmatorはそれぞれのデバイスの色特性を記録したデータを内蔵しています。

　"メニューバー"▶"イメージ"▶"カラープロファイル"▶ダイアログボックスが表示されます。

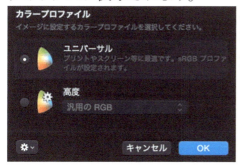

ユニバーサル：プリントやスクリーン等に最適です。sRGB(注1)に設定されます。

　同一のモニターで作業する場合、家庭内でのインクジェットプリンターでの印刷、Web上で普通に使う場合等は、カラープロファイルはさほど意識しないでも問題ありません。多人数で作業する場

合や外部にデータを渡す場合等はその目的にあったカラープロファイルを設定しましょう。"高度"をクリックでドロップダウンが表示されます。

注1：Microsoftによって制定されたRGBプロファイルです。CRTモニタで使用することを想定して作られましたが、多くの液晶モニタやデジタルカメラ、スキャナ、インクジェットプリンタなどで使用できます。

4_17:ファイルの書き出し

　Pixelmatorは書き出すファイル形式は豊富です。それでは、いままで作成したファイルを開きましょう。"メニューバー"▶"ファイル"▶"書き出す"▶ダイアログボックスが表示されます。保存したいファイル形式を選択して次へをクリック、保存ダイアログボックスが表示されますので、ファイル名を入力して保存してください。

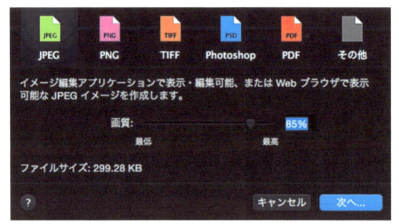

上記事例はJPEG保存の場合

　もし、上記以外のファイル形式で書き出したい場合は"その他"を選択しますとメニュウダイアログが表示されます。.bmp .gif .jpeg-2000 .tga .webPが選択できます。次へクリックで保存できます。

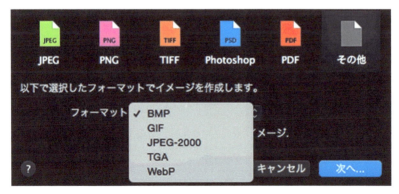

Appendix

参照サイトサイトについて

本書を執筆にあたり、筆者が参考にしたサイトは

[Pixelmator公式ホームページ]

http://www.pixelmator.com

Pixelmatorは英国Pixelmator Team Ltd.社の製品および商標または登録商標です。

[Pixelmator入門]Pixelmatorについて詳しく解説している日本語サイトです。

http://blockworks.jp/pixelmator/

ダウンロードサイトについて

本書で使用した写真はCreative Commons等のサイトを通じて作者の方々から利用許諾されたものです。著作権者は冒頭に明記してあります。本書からの2次利用は禁止されていますが、読者が個々ににダウウロードするのは著作権法の範囲内で許されています。

なお、本書に記した各写真のURLはGoogleのURL Shortenerで短縮してます。もし、リンク切れなどの場合は直接Creative Commonsのサイト（http://creativecommons.org）から検索してテーマにあった写真をダウンロードしてください。

Photos shown on cover pp.84-86/94-98©**psyberartist,**

URL:https://www.flickr.com/photos/psyberartist/

ダウンロードURL:→http://goo.gl/WbYVE4

Photos shown on pp.10/13-21/23-32/79-83©**Noel Pennington,**

URL:https://www.flickr.com/photos/noelpenn/

ダウンロードURL:→http://goo.gl/E513vT

Photos shown on pp.69 ©Leslie Higley

筆者プロフィール
桑原　明
スマートフォンアプリ開発エンジニア（コンピュータプログラマー）、
インタフェースデザイナー、広告アートディレクター。
有限会社 ゲームインデックス・ドット・ネット 代表取締役
広告代理店の博報堂にて広告アートディレクター及びインタラク
ティブ・プロデューサーとして永く勤務。退社後、広告プロモーショ
ンに特化したインタラクティブ・ビジネスモデル及びアプリケーショ
ンソフト等の開発が専門の有限会社ゲームインデックス・ドット・
ネットを設立。広告クリエイティブ関連及びデジタルクリエイティブ
関連等の広告賞多数受賞。
http://game-index.net

筆者開発アプリケーションについて

筆者は主にiPhoneやiPad用のアプリを開発しています。特に最近は認知症のリスクを減らす高齢者向けのゲームや、そして子供のための算数教育用アプリなど好評リリース中です。

下記のサイトからご覧になれます。

http://game-index.net

終わりに

初めて方でもすぐ使えるようしたい。そのためにはチュートリアル形式がよい。ベテランまで満足できる内容にしたい。チュートリアル形式でも全ての機能を網羅できるようにしたい。等々、こんな想いで書き始めました。普段はスマフォアプリの開発をやってる身としては、慣れない執筆に戸惑いの連続でした。感覚的だけでは使えないチャネルミキサー機能も、どう伝えれば良いか悩みました。ソフトウェの世界は目まぐるしく変化します。しかし、コンピュータ画像の基礎は変わりません。そのあたりを易しく解説した部分を追加しました。目次も逆引き辞典的な工夫をしました。少しでも皆様の手元に長く置かれることを願ってます。

最後に本書を世に出すために、惜しみない協力をしてくださったLeslie Higlcy氏、西岡正三氏に深く感謝いたします。

はじめてのピクセルメーター
Pixelmator Made Easy
Mac対応
著者：桑原明
装丁/本文デザイン：桑原　明